高宏群　著

学习智慧200则

中原出版传媒集团
中原传媒股份公司
大象出版社
·郑州·

图书在版编目(CIP)数据

学习智慧200则 / 高宏群著.— 郑州 : 大象出版社,
2017.8
ISBN 978-7-5347-9384-4

Ⅰ.①学… Ⅱ.①高… Ⅲ.①中小学生—学习方法
Ⅳ.①G632.46

中国版本图书馆CIP数据核字(2017)第163307号

学习智慧200则

XUEXI ZHIHUI ERBAI ZE

高宏群 著

出 版 人 王刘纯
责任编辑 戴 慧
责任校对 毛 路
封面设计 王莉娟

出版发行 大象出版社(郑州市开元路16号 邮政编码450044)
发行科 0371-63863551 总编室 0371-65597936
网 址 www.daxiang.cn
印 刷 北京汇林印务有限公司
经 销 各地新华书店经销
开 本 787mm×1092mm 1/16
印 张 13.75
字 数 239千字
版 次 2018年5月第1版 2018年5月第1次印刷
定 价 32.00元

印厂地址 北京市大兴区黄村镇南六环磁各庄立交桥南200米(中轴路东侧)
邮政编码 102600 电话 010-61264834

让学习智慧起来（代序）

李晓东

面对日新月异的变化时代，学习能力无疑是一项不可或缺的关键能力和必备品格。在中国学生发展核心素养的设计中，学会学习作为学生自主发展的重要内容，从乐学善学、勤于反思、信息意识等方面，将学习能力落实于中国学生的成长过程。

但反观我们的实际生活，“不会学习”成为困扰很多人的绊脚石。教师在课堂上不是循循善诱、因势利导，学生也不能感受教育的春风化雨、水到渠成。我们看到的，更多的是书山题海、死记硬背。这种拼时间的笨办法，最终导致的结果是有些学生在高考之后撕书发泄，似乎是这些书带给他们无以复加的重担；有些学生在离开学校的时候，不再有感恩，也没有留恋，有的只是脱离苦海、重回自由的期待和快意……如果学习都是这样的“苦役”，那学习的价值到底在哪里？

有远见的教育人，也在对这个问题寻求理想的解答。高宏群老师的这本《学习智慧 200 则》就是他对这个问题深入思考的成果。该书共设九个篇章，广泛涉及学习策略、课前预习、课堂学习、课后复习、学科学习、课外阅读、假期补习、复习备考和素质提高等不同维度。这既是他多年深入教学一线指导学生学习的实践总结，也是他潜心研究中小学教育教学的经验荟萃。该书既有深厚的理论功底，又有丰富的实践经验，既注重学生学习策略的谋划，又注重实际问题的解决。对于那些依旧在“苦海”中“挣扎”的莘莘学子来说，这本书难能可贵的价值，就是让学习智慧起来。

让学习智慧起来，就是用正确的态度看待学习，将学习的过程从煎熬的历程变成收获的历程。高老师在这本书里，给了我们很多“如何对待学习”的“高招”。

按照这些“高招”指引的方向，学习就可以从不得不接受的“苦修”，变成不断开拓新领域的探索过程，变成欣喜的发现过程。

让学习智慧起来，就是用正确的方法改进学习，将学习的探索过程变成自我修炼和自我完善的过程。从这个意义上说，这本书就是一本学习“秘笈”，是一本可以让我们学会高超技艺的“法宝”。有了这样的支持，学习的过程也就有了更多的乐趣、获得感，也就在这个过程中有了更好的呈现。而有心的学习者，会借助这些内容，让自己从技艺平平的“学习者”，变成触类旁通的“精通者”。

从参加工作的时间来说，高老师是业内前辈；从教学的智慧与积累来说，高老师是智慧教师。很荣幸有机会拜读高老师的作品，感受一位资深德育人的深沉智慧与亲切情怀。我与高老师直接接触的机会不是很多，但那种一见如故的亲切感，让我每每回味悠长。从这本书里，我更是感受到高老师的风格与风采。愿与各位读者一起分享这种愉快的感受，一起感受高老师通过这本书传递给我们的赤诚和热情。

不敢称序，一点感悟，与各位读者分享。

（李晓东，哲学博士，北京师范大学哲学学院副教授，北京师范大学未来教育高精尖创新中心项目首席专家，中国教育学会中小学德育研究分会常务理事，全国思想政治课教学学术委员会常务副主任兼秘书长）

目 录

一、学习策略篇

二、课前预习篇

三、课堂学习篇

四、课后复习篇

五、学科学习篇

六、课外阅读篇

七、假期补习篇

八、复习备考篇

九、素质提高篇

一、学习策略篇

学习策略是指同学们在完成学习任务时，选择、使用和调控学习程序、学习规则、学习方法、学习资源等的思维模式。中小学学生要学会学习，首先要确定科学的学习策略。

①明确学习动机。学习动机是直接推动学生学习的一种内动力。中小学学生要提高学习成绩，首先要明确学习动机，并且要明确学习的目的和意义，还要有具体而明确的学习目标。

②端正学习态度。学习态度是学生对学习所持肯定或否定的内在反应，它影响着学生对学习的定向选择。中小学学生要树立严肃认真、一丝不苟、勤奋好学、刻苦钻研、勤于思考和精益求精的学习态度。

③制订学习计划。制订学习计划可以减少学生学习上的盲目性，提高学习的积极性、主动性和自觉性。中小学学生制订学习计划，首先要明确学习计划的重要性，要针对自己的具体情况，从自身“学”的角度制订适合自己的学习计划。其次，制订的学习计划要具体明确、切实可行，要体现自己的个性，要留有一定的余地。

④掌握学习方法。学习方法是否科学，直接影响着学习效果。中小学学生一要自觉按照预习、听课、复习、作业和小结五个基本环节进行学习；二要合理安排学习时间；三要根据学科特点以及自身的学习状况，采用科学的学习方法。

⑤培养自学能力。为了开发智力，提高自己的整体素质，中小学学生必须重视培养自学能力，逐步掌握学习的规律和特点，善于读书，善于交流，善于反思。

⑥养成学习习惯。中小学学生要注重培养自己一心向学、专心致志、认真思考以及严格执行学习计划等学习习惯。

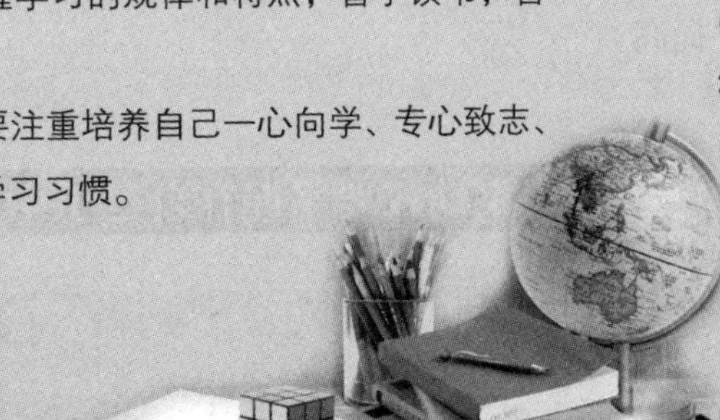

1. 明白为什么而学

被动学习的东西是很难保存在心里的，明白为什么而学，要比明白怎样去学更为重要。

[诠释]

“学习是为了将来的生存。”家长这样叮嘱。“学习是为了做一个高素质的人。”老师这样告诫。然而有些中小学学生往往不想这么多，很多时候，他们把学习看成一件无可奈何的事情，是为了应付考试或是应付老师和父母。怎样学习、学习技巧的问题成为他们关注的重中之重。的确，学习技巧是一门学问，但明白为什么而学要比明白怎样去学更为重要。

为了什么而学习？这个看似简单的问题，实际上非常重要。如果一个人没有良好的学习动机，不明白做事的目的，就很难产生强大的内驱力。对中小学学生来说，不解决为什么而学的问题，就永远也不会具有内在的学习动力。

作为一名中小学学生，必须要知道你想通过学习得到什么东西。如果你没有认识到学习对你非常重要，如果你不能使学习变得有乐趣、有收获，你的学习终将不会走得太远。

作为一名中小学学生，主观目标越明确，就越能放下包袱，就越能调动学习的主动性。如果你能够在学习中有一个清晰的目标，并为实现这个目标而学习的时候，学习就不再是讨厌的负担，学习就不再是与自己的人生无关的包袱了。这时，学习就成了有趣的、能够决定自己命运的最紧要的事。这样，学习由被迫地学习变为自觉地学习，由压抑地学习变为快乐地学习，学习成绩自然就会大幅提高。

2. 学习主动权要掌握在自己手中

学不学——树立正确的态度；
学什么——订立明确的目标；
怎么学——确立科学的方法。

[诠释]

①学不学——关乎态度。同学们要始终抱着一个信念：今天奋斗了，或许明天我们的生活就会变得不一样。因此，中小学学生要积极主动地去学习，满怀信心地去考试。只有自己发愤图强去学习，才能取得好的成绩。

②学什么——关乎目标。当同学们有了乐于学习的进取心之后，就应该为自己确立一个目标。有理想才有动力。当你身心疲惫难以坚持的时候，要想到自己的理想；当你遇到困难想要逃避的时候，要想到自己的理想；当你获得一点成功就心存懈怠的时候，要告诫自己骄傲使人落后。制订目标还要将大目标细化为小目标，可以将一年的时间划分为几个阶段，规划每个阶段要达到什么样的学习目标，甚至具体到每个月、每个星期、每一天的学习目标是什么。

③怎么学——关乎方法。好方法，形成好习惯；好习惯，培养好学生；好学生，拥有好成绩；好成绩，源于好方法。学习方法因人而异，但正确的学习方法应该遵循循序渐进、熟读精思、自求自得、博约结合、知行统一的原则。同学们不管采用何种方法，都要牢记一个“勤”字，刻苦勤奋，勤学善思，一步一个脚印才是最有效的方法。

3. 有目标才会有动力

每一个人都应该有自己追求的学习目标，而这个目标不妨设得高一些，这样才能激发起自己的斗志，挖掘出自己的潜能。

[诠释]

列夫·托尔斯泰说得好：“要有生活的目标，一辈子的目标，一段时期的目标，一个阶段的目标，一年的目标，一个学期的目标，一个月的目标，一个星期的目标，一天的目标，一个小时的目标，一分钟的目标。”生活要有目标，学习更要有目标。

作为一名学生，必须要有自己追求的目标，而这个目标不妨设得高一些。在学习中，如果你的目标长时间不能实现，往往会产生懈怠心理。因此，还需要运用目标分解法，将大目标分解为一个一个的小目标，去逐一实现。

具体分解方法：首先把人生终极目标分解为一个一个的长期目标；其次把长

期目标分解为一个一个的中期目标；再次把中期目标分解为一个一个的短期目标；最后把短期目标分解为一个一个的具体目标。这样，一个阶段一个阶段地去做，一个目标一个目标地去实现，一天一天地去努力，一点一点地去突破，就可以看到自己每个阶段的进步，就可以看到自己每一天的成功。同学们能够及时地感受到成功的喜悦，不断地增强成功的信心与勇气，就能持续地产生实现下一个目标的动力。

4. 学习的每一步都要计划好

制订学习计划要做到“七要”，即部署要全面、制订要切实、目标要灵活、安排要具体、措施要科学、落实要扎实、实施要调整。

[诠释]

学习计划是指学习的具体安排。“凡事预则立，不预则废。”一份好的学习计划，有利于激发学生的学习动力，提高其学习效率。

①学习计划的部署要全面。在制订学习计划的时候，一定要对自己的学习、生活时间做出全面的部署，包括睡眠时间、锻炼时间以及娱乐活动时间等。这样，才能保证在学习时间内精力充沛地学习。

②学习计划的制订要切实。在制订计划的时候，要根据自己学习的实际情况制订，不要完全照搬或模仿别人的学习计划。

③学习计划的目标要灵活。即对自己的学习计划要留有一定的余地。为了保证计划的完成，所订计划不要太满、太死、太紧。

④学习计划的安排要具体。学习时间可以分为两部分：一是常规学习时间，主要用来完成当天老师布置的学习任务，消化当天所学的知识。二是自由学习时间，是指完成了老师布置的学习任务后所剩下的时间，这部分时间一般可以用来补课、预习等。要努力提高常规学习时间内的学习效率，以便增加自由学习时间，掌握学习的主动权。

⑤学习计划的措施要科学。早晨和晚上，尽量多看偏重记忆的科目，如英语、政治、历史等；当心情愉快、注意力集中且时间比较长时，可安排比较单调或自己不太喜欢的科目；零星时间或注意力不太集中的时间，可以做习题或学习自己

最感兴趣的科目。除此以外，还要注意将学习时间和体育活动时间交替安排，文科科目和理科科目轮换学习等。

⑥学习计划的落实要扎实。学习计划又可分为长计划和短安排。长计划不能太具体，不可能把每天干什么都一一罗列出来。但是在学习上要解决哪些问题，心中应当有数，要把在短期内无法完成的学习任务分到每周、每天去。有了长计划，在完成具体学习任务时就有了明确的学习目标；有了短安排，长计划中的目标就可以逐步得到实现。

⑦学习计划的实施要调整。在计划执行到一个阶段之后，还要总结其学习效果如何。如效果不好，应寻找原因，及时调整。主要总结的内容有自己是否按计划实施，学习效果如何，计划提出的学习任务是否已经完成，没有完成计划的原因是什么。通过总结，要立即采取相应的措施，及时调整计划中的不合理之处。

5. 养成学习的十个好习惯

要养成制订计划的习惯、主动学习的习惯、提前预习的习惯、专心听讲的习惯、善于提问的习惯、上课记笔记的习惯、完成作业的习惯、整理错题的习惯、解题反思的习惯和经常阅读的习惯。

[诠释]

良好的学习习惯，有利于激发学生学习的积极性和主动性；有利于形成学习策略，提高学习效率；有利于培养学生自主学习的能力；有利于培养学生的创新精神和创造能力。因此，中小学学生要养成以下良好的学习习惯：

①养成制订计划的习惯。学习后进的学生其问题一般都出在计划性不强，让老师推着走，而优秀学生的长处就在于他们明白自己想要干什么。所以，同学们要养成制订计划的习惯。

②养成主动学习的习惯。学习主动，学习效率就高。主动学习表现在自己主动给自己留作业；别人不督促也能主动学习；一学习就能立刻进入状态；能高效率地利用每一分钟学习；能有意识地将注意力集中于学习，并能坚持始终。

③养成提前预习的习惯。预习，不但可以缩短同学之间在学习上的差距，而且能使预习者在课堂上显得更加自信，还可以让学生自己摸索出一条学习的路径，

找到适合自己的学习方法。预习时应对要学的内容认真研读、理解，并应用预习提示，查阅工具书或有关资料认真思考，把不懂的问题做好标记，以便课堂上有重点地去听、去学、去练。

④养成专心听讲的习惯。上课时，老师不仅用语言传授知识，而且用动作、表情传递信息，有时还用眼神与学生交流。因此同学们上课要情绪饱满、精力集中、专心听课，认真记笔记。能否调动所有感觉器官全神贯注地听课，是提高学习效率的关键。

⑤养成善于提问的习惯。所谓学问就是既要学，又要问。同学们要虚心向老师、同学及他人请教，养成主动向别人请教的习惯，这样才能提高自己的学习成绩。

⑥养成上课记笔记的习惯。“好记性不如烂笔头。”在专心听讲的同时，要动笔做简单记录或记号，对重点内容、疑难问题、关键语句进行圈、点、勾、画，把一些关键性的词、句记下来。课堂笔记一定要简略，要突出重点。如果记的内容过多，势必会占用思考的时间，反而会降低课堂的学习效率。

⑦养成完成作业的习惯。按时完成老师布置的作业和自己选做的作业，缜密思考，认真书写，一丝不苟。对作业中存在的问题，要寻找解决的办法。作业写完后，还要思考题目的特征和所用的知识要点，以达到举一反三的效果。

⑧养成整理错题的习惯。整理错题是整理学习资源，分析错题是锻炼思维能力，纠正错题是强化责任意识。每次考试之后，先将做错的题目抄下来，然后将自己当时做错的真正原因用红笔写到试题旁边，最后把步骤和正确答案清楚地写到试题下方。

⑨养成解题反思的习惯。反思是解题的重要环节，一般来说，要从五个层次进行反思：一要反思解题采用的方法——该题是怎样做出来的；二要反思解题依据的原理——为什么这样做；三要反思解题的基本思路——为什么想到用这种方法解题；四要反思一题多解——有无其他方法，哪种方法更好；五要反思一题多变——能否把题目变通一下，变成另一类题目。

⑩养成经常阅读的习惯。同学们要有阅读愿望，选择适合自己阅读的书籍、报刊。选文的篇幅要短小有趣，让“阅读”成为“悦读”。

6. 学习的六大特质

要着力培养六种学习特质，即积极的学习心态、勤奋的学习精神、牢固的基础知识、有效的学习方法、优秀的自学能力、稳定的心理素质。

[诠释]

中小学学生在学习上要取得优异成绩，必须着力培养以下六种学习特质：

①积极的学习心态。学知识是为了使人生更快乐。对待学习，我们不能把它看作是一种负担、一种包袱或一种苦差事，而要把它看作是一种追求、一种愿望和一种责任心。有了这种学习态度，就能调动你的思维、记忆力、想象力等，从而使你更加优秀。

②勤奋的学习精神。勤奋是开启知识大门的钥匙，勤奋是探求知识的舟楫。“书山有路勤为径，学海无涯苦作舟。”学习是一种复杂的精神活动，是一项长期的脑力劳动，没有吃苦的思想准备，没有勤奋的学习精神，是不可能取得好成绩的。

③牢固的基础知识。牢固的基础知识是学习成功的关键。中小学学生要重视基础知识的学习，在理解的基础上准确记忆，在记忆的基础上真正理解，并要不断地对所学基础知识进行回忆和再现。

④有效的学习方法。死记硬背得不到真知识，投机取巧学不到真本领。学习方法是多种多样的，每个学生都应根据自己的特点，逐步摸索出一套适合自己的行之有效的学习方法。

⑤优秀的自学能力。自学本身是一件艰苦的事，全靠自我监督、自我努力，所以要坐得住冷板凳，耐得住寂寞。同时要抓住学习的重点，多花时间去思考学习中的弱点，攻克一个又一个难关。

⑥稳定的心理素质。心理素质对学生的成长至关重要，良好的心理素质是一个人成才的心理基础。在学习中，同学们要学会控制不良情绪，增强心理承受能力，善于与人合作交往，培养积极向上的学习态度。

7. 学习七步骤

预习——预先浏览知识；
上课——专心致志听讲；
复习——回忆钻研课本；
训练——独立完成作业；
质疑——及时纠正错误；
小结——列出学习提纲；
拓展——阅读参考资料。

[诠释]

①预习。学习的第一个环节是预习。在每次上课前，抽出一段时间将知识预先浏览一下。这样做，一来可以帮助我们熟悉课堂上所要学习的知识，做好上课的知识准备和心理准备；二来可以使我们明确课堂的重点，找出自己理解上的难点，从而做到有的放矢地去听课。预习更重要的一点就是可以培养、锻炼我们的自学能力和独立思考能力。

②上课。上课是学习的中心环节。第一，做到主动听课。能够根据老师讲课的程序主动自觉地思考，在理解基础知识的基础上，对难点和重点进行推理性的思维。第二，抓课堂要点。听课时我们应善于抓课堂的要点，即重点和难点。第三，记课堂笔记。要处理好听课和记笔记的关系，听课是最重要的学习方式，记笔记是辅助的学习手段。同学们不要将记笔记变成老师的“课堂语录”，也不要将记笔记变成“板书复印”。我们要记的内容主要有课堂重点、课堂难点、课堂疑点、课堂“灵感”、补充结论或例题等课本上没有的内容。

③复习。课后，同学们首先要做的不是作业，而应该静下心来将当天课堂上所学的内容进行认真思考与回顾，在此基础上再去完成作业。复习的方法可以分两步进行：首先，不看课本、笔记，尝试对知识进行回忆，这样可以强化我们对知识的记忆。其次，再钻研课本、整理笔记，对知识进行梳理，从而对知识的掌握形成系统。

④训练。在复习的基础上，再做题训练。同学们要纠正一个错误观念：完成作业就是完成老师布置的任务。老师在课后安排作业的目的有二：一是巩固课堂

所学的内容；二是运用课堂所学知识来解决一些具体的实际问题。明确这两点是很重要的，这就要求同学们在做作业时，一方面要认真对待，独立完成；另一方面要积极思考，及时总结。同学们应时刻记着“做题的目的是提高掌握知识的水平”，切忌为做题而做题。

⑤质疑。对于疑难问题，同学们应该及时想办法（如请教同学、老师或翻阅资料等）解决，对错题则应该注意分析错误原因，搞清究竟是由于概念混淆出错还是计算粗心出错，是由于套用公式出错还是题意理解不清出错等。笔者建议每位同学都准备一个“疑难错题本”，专门记录自己的疑难问题和典型错误，这可以为我们今后复习提供有效的资料。

⑥小结。学习的最后一个环节是对所学知识的小结。小结的常用方法是将当天所学的知识要点以提纲的形式列出，这样可以使零散的知识形成清晰的脉络，使同学们对它的理解更为深入，掌握起来更为系统。

⑦拓展。对于学有余力的同学，还应该再多一个“知识拓展”的环节。即完成基本的学习任务后，再阅读一些参考书、课外资料等，以开阔视野。

8. 提高学习成绩“四抓”

抓习惯——培养学习习惯；
抓细节——注重学习细节；
抓学法——研究学习方法；
抓效率——提高学习效率。

[诠释]

①抓习惯就是抓成绩。国内外教学研究统计资料表明，对于绝大多数学生来说，学习的好坏，20% 与智力因素相关，80% 与非智力因素相关。所以，要提高学习成绩，同学们必须从培养良好的学习习惯入手。如课堂听讲习惯、做作业习惯等。

②抓细节就是抓成绩。如果离开了基础性小细节，学生想在学习上突飞猛进是不可能的。同学们只有把学习的每一个细节都做到极致，其成绩才会得到提高。

③抓学法就是抓成绩。要提高学习成绩，同学们要不断探索适合自己的学习方法。每当遇到自己感觉学得不好的地方，要思考新的学习方法并付诸实践，几天后检验效果，如果觉得可行就继续采用，觉得效果不好就再去探求新的方法。在学习方法上多和老师、同学交流是很必要的，可以把他人好的方法借鉴过来，但决不能照搬，更不能一成不变。不同的学科学习方法不同，同一学科的不同单元模块学习方法也不尽相同，学习、复习的不同阶段也要用不同的学习方法才能达到效率的最大化。

④抓效率就是抓成绩。勤奋学习，必须有两个要素：一要用时间作保证；二要以效率为前提。同学们既要宁静致远，坐得住冷板凳，又要注重学习方法，在“巧”字上下功夫。

9. 学习“五原则”

循序渐进——把量变和质变结合起来；
熟读精思——把记忆和理解结合起来；
自求自得——把自学和自得结合起来；
博约结合——把广博和精研结合起来；
知行统一——把学习和实践结合起来。

[诠释]

①循序渐进。就是在学习上要重视量的积累，把量变和质变结合起来。同学们要按照学科的知识体系和自身的条件，系统而有步骤地进行学习，注重基础，切忌好高骛远、急于求成。循序渐进的原则要求同学们：一要打好基础，二要由易到难，三要量力而行。

②熟读精思。就是要把记忆与理解紧密结合起来，两者不可偏废。记忆与理解是密切联系、相辅相成的。一方面，只有在记忆的基础上进行理解，理解才能透彻；另一方面，只有在理解的前提下进行记忆，记忆才会牢固。“熟读”，要做到“三到”：心到、眼到、口到；“精思”，要善于质疑问难，既要提出问题，更要解决问题。

③自求自得。就是要把自学和自得结合起来。同学们要充分发挥学习的主动

性和积极性，尽可能挖掘自我内在的学习潜力，培养和提高自己的自学能力。同时，同学们应当把所学的知识加以消化吸收，变成自己的东西。

④博约结合。就是要把广博和精研结合起来。博与约的关系是在博的基础上去约，在约的指导下去博，二者相互作用，相互促进。坚持广博与精研结合，一要广泛阅读，二要深刻精读。

⑤知行统一。就是要把学习和实践结合起来，切忌学而不用。知行统一要注重实践，一是要善于在实践中学习，边实践、边学习、边积累；二是要躬行实践，即把学习得来的知识用在实际工作中，解决实际问题。

10. 学会给自己奖励

学会为自己喝彩，激发求知的欲望；
尝试给自己掌声，增添学习的力量。

[诠释]

对于每一名中小学学生而言，真正的对手不是别人，而是自己。在学习上，如果你攻克了一道难题，回答出了老师对你的一个提问，写出了一篇自己满意的作文，那么你就是胜利者；如果你的考试成绩比上一次有进步，那么你就是成功者。你就应该为自己喝彩，送自己一点掌声，作为对自己进步的奖励。

学会给自己奖励是一种积极的人生价值观。当别人没有为你呐喊时，你就自己给自己呐喊；当别人没有为你准备奖杯时，你就自己给自己设立奖项。学会自我鼓励，自得其乐，才能在困难重重的学习中不因为厌烦而放弃。给自己颁发一个奖，不仅是给自己的一个鼓励、一个安慰，更是对自己的未来提出一个希望，从而增添自己的斗志，赐予自己新的力量。

11. 兴趣是最好的学习动力

兴趣是最好的学习动力。只有当你对学习产生浓厚的兴趣，才会激发出强大的动力，进而才会全身心地投入到学习当中去。

[诠释]

兴趣形成爱好，爱好激发动力。当学习兴趣转化为旺盛的、持久的求知欲望时，就能够使学习成绩获得巨大提高。因此，可以说兴趣就是学习中最充沛、最快乐、最轻松、最活泼的品质。只有你不断地发现兴趣、激发兴趣、培养兴趣，才会越学越有趣，越学越优秀。那么，如何培养良好的学习兴趣？

①要做一个“知之者”——努力学习。对于每一门功课，在学习之前我们都会有一些好奇心，但好奇心往往是短暂的，也是难以持久的。要想把好奇心转变为深刻持久的兴趣，就必须努力学习。我们之所以觉得学习枯燥乏味，往往是由于学得还不够深入，没有发现学习的乐趣所在。当你的学习深入之后，你才会逐渐体会到其中的奥妙，才能领略到掌握这些奥妙的乐趣。

②要做一个“好之者”——热爱学习。“好之者”就是热爱学习，对学习充满极大兴趣的人。热爱是一种情感，是一种强烈、稳固、持久的动力。热爱学习，就能使自己像登山爱好者一样，拼命向“书山”攀登；热爱学习，就会使自己像拳击运动员一样，拼命向“题海”进攻。

③要做一个“乐之者”——快乐学习。“乐之者”的重要特点是以学习为乐，视学习为享受，这是对学习充满兴趣的最高境界。

12. 培养顽强的学习毅力

顽强的学习毅力来自伟大的目标，来自强大的自控能力，来自不懈的坚持，来自坚强的勇气。

[诠释]

学习离不开顽强的毅力，顽强的毅力是我们学习进步的法宝。同学们要使自己真正成为学习的主人，就要培养顽强的学习毅力。

①顽强的毅力来自伟大的目标。伟大的目标产生顽强的毅力，没有伟大的目标，就不会有顽强的毅力。而且，毅力越顽强，行动就越坚决。对于中小学学生来说，只有树立远大的奋斗目标，制订出切实可行的学习计划并认真努力实施，才能排除干扰，克服困难，达到预期的学习目标。

②顽强的毅力来自强大的自控能力。自控能力是毅力的一个重要品质，它是

灵活控制自己情绪、约束自己言行的品质。增强自控能力，要做到以下几点：一要增强纪律观念，严格按照学校和班级的纪律约束自己，养成自觉遵守纪律的好习惯；二要具有自我强制能力，针对自己的缺点或弱点，进行强制性的修正；三要制订具体的学习计划并严格执行，注重自我检查、自我监督；四要有效控制自己的情绪，克服冲动。

③顽强的毅力来自不懈的坚持。俗话说，只要有恒心，黄土变成金。中小学学生的学习尤其需要恒心。要有恒心，首先要有信心。如果对自己丧失信心或信心不足，那么面对繁重的学习就会虎头蛇尾，甚至有头无尾。有的学生在学习上往往是三分钟热度，一开始积极性很高，但经不起时间的考验，一遇到困难就半途而废。究其原因，一是对学习缺乏信心，二是缺乏一种善始善终的好习惯。这就要求我们在学习上发扬滴水石穿的精神，从今天做起，从一点一滴做起，重视量的积累，实现质的飞跃。

④顽强的毅力来自坚强的勇气。我们在学习过程中，不可避免地会遇到来自生理、心理、环境等方面的困难。这就需要同学们培养克服困难的勇气，正视困难，克服困难。面对困难时，我们可以用自我鼓励的方法激励自己，如用“有志者事竟成”“失败是成功之母”等警句来进行自我鼓励，以增强信心；也可以用自我命令的方式，通过“要迎着困难上，决不能退让”“坚持到底就是胜利”等口头命令来使自己克服困难；还可以进行自我说服，通过“我一定要做到”“我一定能做到”等信念来调整自身心理活动，来获得精神力量。

13. 自信是学习的一种力量

自信是学习的一种力量。只有对自己充满信心和斗志，才能在学习中战胜困难，取得最后的成功。

[诠释]

莎士比亚曾说过：自信是走向成功的第一步，缺乏自信是失败的原因。自信就是相信自己，我们每个人都有许多绚丽美好的梦想，但只有那些百分之百相信自己且愿为梦想付出不懈努力的人，才能享受到成功美酒的甘甜。

自信，是一种力量。这种力量，可以让你用超越常人的毅力去克服种种困难，来最终实现自己追求的目标；这种力量，可以让你更加乐观地面对学习、面对生活、面对人生，在人生的舞台上创造属于自己的神话。

在学习中，如果有自信，你就会斗志昂扬。不管别人怎么评价你，你自己永远都要清醒地认识自己，任何时候都不能让别人摧毁了你的自信心。面对学习上的困难和挫折，要坚信自己有能力战胜它。不管别人怎么说，你永远要对自己充满信心和斗志，当别人对你说“不”的时候，你要对自己说“能”。

自信不是盲目自大，一个人只有不断完善自己，让自己的智慧充分闪光，才能愈来愈自信。丰富的知识是自信的基础和前提，离开了这一点，自信就会变成自负。

14. 浮躁情绪是学习的天敌

上课一听就懂，其实不是真懂；
课本一翻就会，其实不是真会；
作业一看就做，其实不是真做。

[诠释]

①上课一听就懂，其实不是真懂。在课堂上当老师问“懂了吗”，同学们就会异口同声地喊“懂了”。有的同学自认为已经“懂了”而不愿继续深入学习，这是存在浮躁情绪的一个表现。

②课本一翻就会，其实不是真会。有的学生在看书的时候，往往如蜻蜓点水，轻描淡写翻几页就算是看过了，根本没有深入看书。同学们切记：课前看书时，想一想我们已经学习了什么知识，接下来该学习什么；课后看书时，同学们要深入探究已经掌握的问题，再次寻找新的问题。

③作业一看就做，其实不是真做。有的同学做作业时，没有仔细审题就急于动手，经常题目没看清、条件没看全就开始做题，这种情况做对的可能性非常小。因此，做作业的时候，首先要有一个平静的心态，不要急着做题，而是要先把题目看清楚再做。

15. 心态决定人生

心态决定人生，信心助你成功；
调整积极心态，登上人生巅峰。

[诠释]

有什么样的心态，就会有什么样的学习成绩，也就会有什么样的人生。如果你想取得学习上的成功，首先必须相信自己一定能行。积极心态和想象的力量是非常强大的，它是引导你走向成功的巨大力量。

每个中小学学生都期望自己是学习的佼佼者，是班级甚至是年级的尖子生，但你们中的绝大多数人都不具备必要的信心与决心，因此无法达到学习的顶点，学习成绩只能一直停留在中等水平上。当然同学们中也有少数人抱着“我就是要登上巅峰”的积极心态学习，并且能够认真学习、善于学习，不怕付出辛苦，最终凭着自己坚定的信心达到了最终的学习目标。

同学们在学习中一定要对自己充满信心，有了相信“我确实能做到”的心态，就能产生能力、技巧与精力等主观条件，每当你相信“我能做到”时，自然就会想出“如何去做”的方法。晚上睡觉之前，你不妨对自己说：我可以做得到！只要做就可以做到！如果没有把握，对着镜子中的自己，做出充满自信的微笑，说：相信我一定会做到，加油！

16. 学习贵在坚持

要想在学习中取得好的成绩，就必须学会坚持，成功就诞生于坚持不懈的努力之中。

[诠释]

坚持是学习品质中最执着、最顽强、最具恒心的优良品质。法国启蒙时期著名作家布封说：“天才就是长期的坚持不懈。”一个人不管你天资聪颖还是愚钝，要想取得成功必须学会坚持。没有坚持不懈的努力，就不会有果实累累的收获。

学习是一个日积月累、循序渐进的过程，要把知识全面、系统地掌握好，最有效的方法就是持之以恒地学习。我们的目标计划一经确定，就要满腔热情，信心百倍，坚持不懈，有不达目的决不罢休的气概。要学会控制和支配自己的行动，要督促自己排除干扰坚决执行决定。如果你在学习中总是知难而退，半途而废，“三天打鱼，两天晒网”，那么就永远不会取得好的成绩。

学习是一个十分艰苦又十分漫长的脑力劳动过程，我们要坚持上好每一堂课，坚持克服每一个困难，坚持把每一门功课学好，坚持朝自己预定的目标前进，总有一天我们可以把铁杵磨成针，把金石打磨穿。成功，往往就诞生于一再坚持的努力之中！

17. 学习在于勤奋

勤思——大脑多思考；
勤问——虚心多请教；
勤练——习题多演练。

[诠释]

俗话说：“天才在于勤奋，学习在于积累。”学习的过程不可能是一蹴而就的，仅凭考前临时“抱佛脚”，往往是不可能真正取得成功的。成功的秘诀是“99%的汗水+1%的智慧”，正可谓天道酬勤。

①勤思。在学习过程中不要存在依赖心理，等着吃老师、同学的现成饭。轻而易举获得的廉价成功是经不住时间考验的，久而久之就会使自己的学习与别人拉开距离。所以，你要多开动脑筋去思考。人的大脑就像机器一样，如果总是不去使用，就会“生锈”。你大可不必担心脑细胞不够用，大脑只会越用越灵活，越用越开窍，多用大脑思考将会使你变得更加聪明。

②勤问。在日常学习中，我们一定会遇到许多疑难问题，解决的办法不外乎有两种：一是正确面对，知难而进；二是绕开逃避，知难而退。而真正能做到前者的人为数不多。如果我们总是知难而退，久而久之，学习中的问题只能越积越多，和其他同学之间的差距是越拉越大，其后果不堪设想。所以，当遇到自己攻克不了的疑难问题时，你一定要及时向老师、同学请教，做到敢疑、敢问、勤问、勤学。只有这样，你才能从根本上解决问题，学习成绩才能不断提高。

③勤练。古人云："一分耕耘，一分收获。"在平时的学习中，同学们要多做习题来检验知识的掌握程度，来发现自己学习中存在的漏洞，并及时加以弥补。对于老师布置的作业要尽可能保质保量地完成，同时自己还要勤于选择自己薄弱学科的习题加以训练。当然，勤练不是过于苦练，更不是搞题海战术，而是练中有度，练中有法。

18. 坚持独立思考

学真知，需要独立思考；
求真理，更要独立思考。

[诠释]

独立，是指不依赖别人；思考，是指开动脑筋想问题。独立思考，就是遇到问题，希望通过自己的理解和思考得到真正答案，形成独到的见解。独立思考意味着在思考某一问题时具有积极性、主动性和独创性。独立思考是一种优良素质，一个人要获得知识，需要独立思考；要求得真理，更要独立思考；要有所发现、有所发明、有所创造，必须要独立思考。同学们从小培养自己独立思考的能力，不仅有利于当前的学习，也会为今后的成才打好基础。

独立思考在学习中表现为不盲从、不依赖、不轻信，凡事都要问个为什么，经过自己的头脑思考明白之后再接受。孔子曰"学而不思则罔"，我们在读书学习时要养成边学边思的习惯。一要敢于质疑，不迷信权威；二要多思考，敢于提出"为什么是这样""为什么不是那样"等问题，不断追问，弄明白为止；三要多看书，"兼听则明，偏信则暗"，要尽可能读一些观点不同的书；四要多听不同的意见，尊重别人不同于你的观点。

19. 不可忽视情商

加强自我调节，有效控制不良情绪；
经历挫折磨炼，增强心理承受能力；
学会赏识自己，不断激发自身潜能。

[诠释]

情商，又称情绪商数，英文简称EQ，主要是指人在情绪、情感、意志、耐挫折等方面的品质。哈佛大学对100名智力超常的儿童进行了长达30年的跟踪研究，发现他们中的成功者不到20%，同时对近万名智商一般但情商较高的儿童进行了14年的对比研究，发现他们中的成功者竟高达67%。因此，该校心理学教授戈尔曼说：“情商是决定人生成功与否的关键。”那么，我们如何对自己实施情商培养，提高认知、控制和调节自身情绪的能力呢？

①加强自我调节，有效控制不良情绪。中小学学生的情绪和情感不够稳定，处于过渡时期。一些学生不善于控制、调节自己的情绪，有时为一点小事伤心或大发脾气，有时为某次考试不理想而沮丧；有的学生时常被悲观、忧郁、孤独、紧张等不良情绪所困扰，导致学习没兴趣、精力不集中，缺乏主动性和自觉性；有的学生甚至因考试不理想或无法承受学习上的压力，从高高的楼顶上跳下……由此可见，加强自我调节，有效控制不良情绪至关重要。

②经历挫折磨炼，增强心理承受能力。人生之路不是一帆风顺的，挫折对每个人来说也是难免的。但有的人心理承受能力强，能承受打击或经得起挫折；有的人心理承受能力弱，经不住挫折考验，面对挫折常常感到恐惧、悲观、忧郁，影响正常的学习和生活，严重者导致心理障碍，影响身心健康。心理学研究表明，承受挫折能力和其他心理品质一样，可以通过学习和锻炼而获得提高。因此，中小学学生要有意识地承受日常生活和学习中的挫折，体验“失败乃成功之母”“风雨之后是彩虹”的道理。

③学会赏识自己，不断激发自身潜能。自信是每一个人成为有用之才的精神支柱。“天生我材必有用，千金散尽还复来”，我们要学会赏识自己，欣赏自己的优点，看到自己的辉煌之处，扔掉重压之下的阴霾之气，让自己快乐起来，从快乐中汲取更多的营养，从而不断地超越自我，完善自我。实践表明，青少年学会赏识自己，不但可以充分激发自身潜能，而且可以帮助其修正或弥补其他方面的不足。

20. 激活想象力

多联想，在学习中编织想象的网络；
多思考，在阅读中展开想象的翅膀；
多观察，在实践中激活想象的灵感。

[诠释]

想象力不仅是同学们开发智力的重要内容，而且对我们提高学习兴趣、发掘学习潜力都有重要的意义。那么，同学们在学习中如何培养想象力呢?

①联想是提高想象力的常用方法。在学习中，同学们对知识点不断地进行整理，通过联想的方法把这些知识串成一个网络，让看似凌乱的知识在你的心中构成一个体系。这样，你就可以把知识“打通”，使书本上的“死知识”变成自己的“活知识”。

②在阅读课本知识时，只有多思考，展开丰富的想象，才能深刻领会书本的精髓，与作者产生情感上的共鸣。学习任何理论性知识都是如此，越是进入情境，越是在头脑中形成知识画面，越有利于发挥想象力。

③同学们平时要多参加社会实践活动，如参观、旅游、调查、访问、收集资料、采集标本等，在活动中要多看、多听、多问、多想、多记。在生活和学习中要多观察、多留心，尽可能多地在头脑中储备想象的素材。素材储备多了，头脑也就开阔了，想象的灵感也就有了坚实的基础。

21. 榜样是向上的力量

榜样的力量是无穷的。它是一面镜子，是一面旗帜，更是一种向上的力量。要善于从身边的同学中选择其学习榜样来不断激励自己。

[诠释]

榜样的力量是无穷的。榜样是一面镜子，是一面旗帜，更是一种向上的力量。榜样并不遥远，他就在我们身边，同龄人、身边人中的典型对学生更有说服力。其他同学能办到的事，我为什么不能？因此，我们要选择本校、本年级、本班一个学习榜样来不断激励自己，这样的榜样离自己越近，激励作用也就越大。

当你确定了身边的学习榜样后，最好能设计一条座右铭贴在书桌的醒目位置。座右铭上要写清三个方面内容：一是自己最崇拜的人的名字；二是自己要追赶的同学的名字；三是针对自己学习中的弱点写一句克服这一弱点的格言。

22. 请远离学习负能量的人

和什么样的人在一起学习，就会拥有什么样的成绩。请靠近一个给你学习正能量的人，远离给你负能量的人。

[诠释]

一个人的学习成绩如何，一般说来，一半来自他的学习态度与所在的学校，另一半则来自家庭、朋友与同学。而更多时候，身边的同学更具有直接的引导作用。

简单说来，你和什么样的人在一起学习，就会拥有什么样的成绩。有的同学先天是乐观向上、学习努力的，当身边出现越来越多的负能量的同学时，你会发现他很快就会显示出一副学习疲惫的状态。那是因为环境最容易感染人，当人总是处在负能量的氛围中时，自己也就自然容易变得懒散起来。如果条件允许，请远离负能量的同学，这是最对得起自己学习的选择。

真正的同学是能相互鼓励，并且对学习充满激情的人。因为和一个能让你变得更好的人在一起，很重要；而和一个能让彼此都变得更好的人在一起，更重要。如果说要对自己的学习与朋友负责任，那么最好的做法就是不要指望别人能照亮自己，而是要内心自带光源，同时可以照亮他人。

《太子少傅箴》有句名言说："近朱者赤，近墨者黑。"最终跟随蝴蝶走下去的人，看到的是芬芳的鲜花；而跟着苍蝇走下去的人，只能到达肮脏的沟渠。

23. 科学使用大脑

不同学科交替进行，
各种姿势替换使用，
教室经常开窗通风，
避免饥饿状态用功，
保持饱满学习激情，
间断学习发挥潜能。

[诠释]

大脑是人体的重要器官。根据专家研究的报告，一般人大脑潜能的使用都没有超过 10%，还有 90% 处于闲置状态。只要我们多加练习，勤于学习，大脑就能够更加灵敏、更加聪明。

①不同学科交替进行。大脑某个神经中枢处于工作状态时，周围的神经中枢往往处于休息状态。要改变某一神经中枢所在的大脑皮层过于疲劳，最有效的办法是变换学习内容和活动内容，不要长时间从事某一项学习活动。同学们要交替安排不同性质、不同学科的学习内容，学习活动和体育活动要交替进行。

②各种姿势替换使用。学习一般有坐、立、走、躺等姿势。做题、写作等学习一般是坐着进行的，记忆知识、思考问题是不限姿势的。在学习时，各种姿势替换使用，也是对大脑的一种调节。

③教室经常开窗通风。有的教室不通风透气，室内含氧量就会下降，二氧化碳含量则会上升，葡萄糖的氧化分解受到影响，脑神经细胞所需能量得不到保证，大脑的功能就会减弱，学习效率也必然下降。因此，教室要经常开窗通风，使人体得到充分的氧气供应。在课间休息时要多到教室外散散步，呼吸点新鲜空气。

④避免饥饿状态用功。有的同学有不吃早饭的习惯，由于处在饥饿状态中，脑细胞所需要的葡萄糖就只能来自肝脏中贮存的肝糖原，脑细胞正常活动所需要的能量因缺少葡萄糖而不能得到满足，大脑的神经细胞就会被抑制，上课时就会无精打采。同时由于空腹造成的饥饿感不断地刺激着大脑，造成学习时注意力分散，学习效率大幅度下降。因此，为了保证在整个上午的学习过程中脑神经细胞能源源不断地得到充足的营养物质，一定要吃好早饭。

⑤保持饱满学习激情。饱满的学习激情能提高大脑的工作效率。如果学习时精神过度紧张，心情忧郁、焦躁，就会引起脑细胞能量的过度消耗，使学习活动被抑制，导致学习效率下降；如果学习积极性高，兴趣浓，情绪愉快，在内分泌激素的作用下，血管扩张，血糖水平上升，新陈代谢加强，神经细胞极度兴奋，就会大大提高大脑的工作效率。

⑥间断学习发挥潜能。生理学家告诉我们，高度紧张的学习必须伴之以完全放松的休息，一张一弛，才能最大限度地发挥人的潜能。同学们在学习时，每次时间不宜太长，一般每隔20多分钟，就要舒展一下身体，如挺挺胸、伸伸腿、直直腰、仰仰头，或眼睛向远方望一望，或把眼睛闭上一两分钟。每隔四五十分钟就要离开座位休息十几分钟，使呼吸与循环机能得以加强。同学们在课间休息时要尽可能走出教室，切忌一直坐在座位上一动不动。

24. 手脑并用

手脑既要并用，还要常用。勤动手、多动手、善动手，是学习取得成功的法宝。

[诠释]

科学证实：控制手运动的区域在大脑皮层中占有的投影面积最大，且部位非常重要。惯于用右手的人，左脑比较发达。惯于用左手的人，右脑比较发达。左脑是记忆脑，右脑是创造脑。手脑并用可以使手势在大脑皮层投下难忘的影子，使大脑积极思维，从而培养同学们的思维能力，达到益智的目的，对你的形象思维过渡到抽象思维起到桥梁作用。由此可见，手与脑关系极为密切。如果只注重用脑不注重用手，往往事倍功半；如果手脑并用，则往往事半功倍。

有些中小学学生，脑子并不笨，读了许多书，看了不少东西，讲起来也滔滔不绝，似乎学富五车，才高八斗，但手太懒，不记笔记，不注重整理，不善于动手实践，因此学到的知识往往不牢固，在考试中往往也考不出突出成绩。

勤动手、多动手、善动手不仅能使你的脑子更灵活，而且能使你的学习效率大大提高。

25. 增强记忆的方法

增强记忆很重要，
记忆方法要记牢。
科学记忆成绩好，
巧学记忆效率高。

[诠释]

没有记忆，就没有学习。记忆是掌握知识的基本手段。记忆的过程，是知识积累的过程，也是知识深化的过程。一个人的记忆能力提高了，学习效率必然就会提高。因此，中小学学生在学习过程中，必须重视自己记忆能力的提高。

①明确记忆目的和任务。无论干什么事情，如果目的、任务明确，其积极性就高，效果就好。记忆也是如此，如果老师在讲课前告诉同学们，这堂课讲的某些知识课后要提问，或者课后要检测，那么大家对这些知识记忆的效果就会比较好。所以，要提高记忆效果，必须在记忆前有明确的记忆目的和任务。

②提高记忆内容的兴趣。实践证明，人们对感兴趣的知识记得又快又牢，对不感兴趣的知识总也记不住，即便一时记住了，也会很快忘掉。这是因为，对感兴趣的知识进行学习时，大脑皮层会处于兴奋状态，从而人也会全神贯注、精力集中，学习内容就会在脑子里留下深刻的印象。反之，对不感兴趣的知识进行学习时，大脑皮层会处于抑制状态。因而，同学们要努力提高对记忆内容的兴趣。

③树立“我能记住”的信心。记忆知识有了“我能记住”的信心，精神高涨，心情舒畅，对所学的知识也就有了记忆的热情。所以，在记忆知识时，同学们一定要树立“我能记住”的信心。

④善于抓住知识规律记忆。实践证明，有规律的知识容易记忆。因此，在记忆知识时，对所学知识进行分析、综合、比较、归纳，找出内在联系及规律，然后记忆这些带有规律性的知识。

⑤深刻理解记忆内容。理解是记忆的前提，只有对知识有深刻的理解，才能抓住其实质，记准记牢。所以，同学们既要对所记忆的知识“知其然”，还要“知其所以然”，不仅要懂得“是什么”，而且能回答“为什么”。

⑥坚持有意记忆为主。有意记忆是指有明确记忆目的并采取相应的记忆方法

努力记忆。它是人获得系统科学知识、完成特定任务和积累个体经验的主要记忆形式。在学习中，同学们要以有意记忆为主。

⑦学会分类归纳记忆。在学习中，要善于抓住每一学科、每一章节的重点内容进行记忆，切忌“眉毛胡子一把抓”。对于学到的知识要不断进行分类、归纳和整理，形成知识网络，使积累起来的知识不杂乱无章，这样更便于巩固记忆。

⑧及时复习提高效率。人的记忆遗忘是先快后慢的，每次记忆后，大约有70%左右的内容会迅速被遗忘，只有30%左右的内容会以缓慢的方式逐渐被遗忘。因此，要想提高记忆效果，就需要每隔一段时间复习一次。通过及时复习，能使被遗忘的内容很快得到巩固，从而起到记忆更长久的效果。

26. 注意力高度集中

学习时唯有专心致志、聚精会神，把注意力高度集中在学问上，才能事半功倍。

[诠释]

按照高级神经活动学说的解释，人的注意力是由大脑皮质活动所支配的。人在做某一件事时，大脑皮质的某一区域就会发生一种兴奋过程，其他相邻的区域则相应发生一种抑制过程。这样，一个兴奋，一个抑制，就构成了注意力的高度集中。

有人做过这样的实验：被试者在注意力高度集中时背课文，只需要读9遍就能达到背诵的程度。而同样的课文，在注意力涣散时，则需要读100遍才能记住。可见，一个人在读书时，如果注意力高度集中，书的内容居于你的意识中心，兴奋区域高度兴奋，各种外界干扰就会被抑制。反之，读书时注意力不集中，书的内容只居于你的意识边缘，学习效果肯定不好。

那么，怎样使学习注意力高度集中呢？首先，要使刺激引起的兴奋强烈起来。注意力与兴趣有着直接的关系，兴趣大的事情，对人的刺激就大，兴奋程度就高，注意力就容易集中。其次，在学习时要排除干扰。既要排除外界的干扰，又要排除内心的干扰。最后，高尚的志趣，顽强的意志，也可对注意力的集中产生巨大的作用。

27. 提高自控力的七个秘诀

一次只做一件事，
培养专注注意力，
消极环境需远离，
犒劳自己莫吝惜，
不良习惯勤纠正，
心理暗示要积极，
学习功课心欢喜。

[诠释]

提高自控力，除了对学习有益，对心情、对身体、对生活都大有益处。

①一次只做一件事。一次只做一件事，这样没有太多的干扰，更容易专注。人一旦专注做某件事，就不会东张西望，不会胡思乱想，自控力会在不知不觉中得到提升。同学们在学习时，应该一次只学一门功课，不要一边学习一边玩耍，不要一边学习一边听音乐等。

②培养专注注意力。如果专心学习十分钟，你可能很轻松就能做到，但如果学习一个小时，你可能就会开小差。这个时候，最好的办法不是强迫自己一定要学习一个小时，而是改变你的计划。你能坚持学习十分钟，那就把学习的时间定为十分钟，几天后，再定为十五分钟。等你能轻松坚持十五分钟的时间，再提高到二十分钟……这样循序渐进，你专心学习的时间就会越来越长。

③消极环境需远离。永远不要小看环境对人的影响，如果你的身边有同学只有三分钟热情，学习一小会儿就坚持不下去，并且你跟他们的关系很亲密，你的自控力一定会大打折扣。提高自控力最简单的方法，就是远离这些消极的同学。

④犒劳自己莫吝惜。一个学习任务完成后，不妨小小地犒劳一下自己，跟同学聊几句天，或运动一会儿，或闭目养神片刻。这会让自己的心情保持良好的状态，继而有动力投入到下一个学习任务中去。

⑤不良习惯勤纠正。大多数人或多或少都会有一些坏习惯。从现在开始，同学们要和坏习惯坚决作斗争：在家学习时不看电视或听音乐，在课堂上不做小动作。也许刚开始有些痛苦，但你只要坚持一段时间，就会发现一切都没什么大不了。

⑥心理暗示要积极。积极的暗示，会让同学们心情变好，会让大家充满斗志，会让我们增加信心，而消极的心理暗示往往不利于自控力的养成。同学们多给自己一些积极的暗示，可以先从语言上入手，跟他人谈论你的学习时，尽量使用积极的词语，如说很好、不是太难、大有进步等，而不要说很糟糕、很费劲、不容易等。

⑦学习功课心欢喜。做任何事，只有喜欢的，我们才能愉快地坚持；不喜欢的，坚持就是一种痛苦。学习最好的办法，当然是去学你喜欢的功课。但现实是，这样做必然造成严重偏科。那就只能退而求其次，去喜欢上你学习的每一门功课。做到后者当然有点难，但如果同学们心态积极一点，不断地钻研，慢慢地你就会发现，自己学习的每一门功课，其实都挺有趣的。

28. 提高归纳总结能力

全面掌握，突出重点；
把握结构，弄清关联；
探求规律，举一反三。

[诠释]

当一个章节或一个单元学习结束后，同学们就有必要及时地把平时每节课所学的零碎知识按照某种观点和方法组织成整体，使知识系统化，并从中总结出规律性的东西。这样才能有利于知识的储存、提取和应用，防止知识的遗忘。归纳总结的做法很多，主要有以下几种：

①全面掌握，突出重点。一要回忆。就是不看课本，不看笔记，回想本单元所学内容：开始学了什么，接着学了什么，最后学了什么，脑子像过电影似的描绘所学“知识轮廓”。二要粗看。就是通过粗略浏览本单元目录，分析本单元重点是什么，核心是什么，关键词是什么，从而搭设其“知识骨架”，并在笔记本上归纳出以上几点。三要细读。就是全面、认真地通读课本，看看哪些问题弄清楚了，哪些问题还没有弄清楚，从而对“知识细节”查漏补缺。

②把握结构，弄清关联。同学们要将平时学习的书本知识串联起来，或列提纲，或分类列表，或画知识树，或绘结构框图，既要把握其知识结构，又要弄清

其内在联系，使知识间的关联一目了然，以利于自己记忆、理解和应用。

③探求规律，举一反三。同学们要善于对平时做过的习题进行大致归纳，并总结出每一类型的习题可用哪些方法去解，哪些习题可“一题多解”，哪些可“多题一解”，哪些习题容易做错，原因是什么等。通过归纳，总结解题经验与教训，寻找解题思路与方法，从而探求出解题规律。

29. 培养自学能力

如果把知识比作金子的话，那么，自学能力便是点金之术；
如果把知识比作玉石的话，那么，自学能力便是雕玉之道。

[诠释]

联合国教科文组织的一份报告《学会生存》中提出：“未来的文盲将不是那些不会阅读的人，而是没有学会怎样学习的人。”为了更有效地进行自学，中小学学生在学习中要着力培养以下几种能力：

①主动阅读能力。主动阅读能力是培养自学能力的基础。“主动”主要是指具有强烈的求知欲，能积极、自觉地去读书。阅读能力包括记忆、理解和运用三个层面，要通过粗读、细读、精读，读懂课本，抓住重点，把握知识的要义。同学们要掌握科学的读书方法，养成良好的读书习惯。

②独立思考能力。独立思考能力是构成自学能力的核心内容，大致可以分为三种能力：一是质疑能力，二是判断能力，三是求真能力。中小学学生要培养独立思考的能力，首先，要培养自己独立生活的能力和独立思考的良好习惯。其次，要明白独立思考的重要性，产生独立思考的热情。再次，要不惧怕权威，不迷信权威，敢于挑战权威。最后，要培养自己坚定的意志品质。

③自我控制能力。自我控制能力是指一个人对自身的意志进行调节、控制的能力。自学能力的情意要素的优化与智能要素的优化是相辅相成的，同学们只有克服了自身的盲目冲动，抵御了外界不良因素的诱惑，才能全身心地投入到学习之中。

④自觉探求能力。自觉探求能力是自学能力的纵深发展，即同学们平时能自觉预习要学的内容，自学有关资料，遇到疑难问题时，能自觉思考、自觉寻找解

决办法，直到问题得以解决。

⑤自练自检能力。自练，就是自己依据学习目标，自觉进行训练，以巩固所学知识。自检，则是自己进行自测并核对答案，并能找出学习中的问题，从而加以改正。同学们不仅要培养自练自检的良好学习习惯，而且要提高自练自检的自学能力。

30. 精神放松，快乐学习

学会幽默，调节精神压力；
展开想象，精神得到小憩；
尽情发泄，排除心中烦恼；
勇担责任，增强学习动机；
遨游书海，转移胸中忧愁；
辩证思维，正确认识自己；
劳逸结合，坚持体育锻炼；
心情愉悦，乐观心态学习。

[诠释]

当今中小学学生的学习压力越来越大。学习压力过大的负面影响主要有三：一是会造成学生情绪上的困扰，包括焦虑、紧张、悲伤、疲乏、烦闷、易怒、注意力不集中以及记忆力减退等；二是会导致学生的学习兴趣、学习毅力、学习信心等有所降低；三是会引发一些不良的生理反应，如眼睛疲劳、视力下降、头痛、耳鸣、肠胃不好、肌肉酸痛以及失眠多梦等。下面介绍几种减轻学习压力的方法，供同学们参考。

①学会幽默，调节精神压力。幽默是精神健康的调节剂，学会幽默，以良好的心境缓解学习压力。

②展开想象，精神得到小憩。如“蓝天白云下，我坐在平坦的绿茵地上”“我舒适地泡在浴缸里，听着优美的轻音乐”，在想象中让自己的精神得到小憩。

③尽情发泄，排除心中烦恼。如果你有了烦恼、忧虑，不要积在心中，应设法及时宣泄。医学心理专家认为，让你的情感抒发出来要比深深埋在心里有益得

多。

④勇担责任，增强学习动机。通过提高学习兴趣，同学们可以改变厌学消极态度。当学习遇到困难时，不要退缩，不要逃避，要知难而进，勇于战胜它。

⑤遨游书海，转移胸中忧愁。读书可以使一个人在潜移默化中变得心胸开阔，气量豁达。当你遨游在书的世界时，一切忧愁悲伤便付诸脑后。

⑥辩证思维，正确认识自己。客观地认识自己，正确地面对自己，正确对待学习上的成功与失败。不为失败找借口，要为成功找方法。

⑦劳逸结合，坚持体育锻炼。生命在于运动，坚持体育锻炼可以使同学们精力充沛，充满活力。

⑧心情愉悦，乐观心态学习。同学们在学习时要心情愉悦，保持乐观心态。同时要精神放松，防止大脑疲劳。

31. 以教促学

以教促学：生生相教是学生自己的一次再学习；
以教促进：生生相教是学生自己的一次再提高。

[诠释]

中小学学生通过把刚学到的知识教给别人，能使自己对知识的掌握更清晰、更完整、更正确。

莫斯科维尔德洛夫学校的娜佳·玛赫娃同学，常常假设自己是一位老师，并且准备了教学计划和教学笔记，还列出了一个学生名单。在自己向想象中的同学们讲完课程后，她还要向“同学们”提出问题，然后再由她自己扮演学生来回答问题，并且对每个回答都要打出分数。开始的时候，娜佳的学习成绩忽上忽下，很不稳定，然而一段时间以后，她的学习成绩有了显著的飞跃，成为一名优秀的学生。

可见，利用教别人来促进、巩固自己的知识，是一种行之有效的好方法。教别人的时候，同时也整理了自己的知识系统，加深了对所学知识理解的程度。把别人对你的求教看成是对自己的促进，为了讲得明白，必须强迫自己去弄懂那些似是而非的问题，从中受到新的启发。我们不但要知其然，而且要知其所以然，不但要全面地、熟练地掌握知识，而且要用自己的话表达出来。从某种程度上讲，这是一种再创造，而自己创造出来的知识也是自己掌握得最好的知识。

32. 向优等生多请教

在生活上，多和优等生们交朋友；
在学习上，做好优等生的小学生；
在思想上，多学优等生的好品质。

[诠释]

学习较差的学生，如果善于借鉴优等生好的学习经验和好的学习方法，学习优等生好的学习习惯和好的学习品质，将有利于提高自己的学习成绩。

①在生活上，多和优等生们交朋友。古语云："近朱者赤。"同学们要多和优等生交朋友，和优等生多交往、多交流，从他们的身上可以学到好的学习方法，借鉴好的学习经验。

②在学习上，做好优等生的小学生，多向他们请教。俗话说："满招损，谦受益。"同学们要多向优等生虚心请教，善于接受优等生的指导，要善于"站在巨人的肩上"，逐步提高自己的学习成绩。

③在思想上，多学优等生的好品质。优等生学习成绩优秀固然与其头脑聪明的天赋有关，但最关键的原因是他们有良好的学习习惯，有努力学习的优秀品质。

33. 纠正偏科的不良习惯

纠正偏科现象的有效途径：找出偏科原因，调整偏科心态，制订补缺措施。

[诠释]

有个别中小学学生在学科方面出现了偏科现象，这样不仅会对该学科知识的学习造成缺陷，而且会影响其他学科的学习。那么，同学们该怎样纠正偏科的不良习惯呢？

①找出偏科原因。出现偏科的原因主要有三：一是个别差异所致。有的学生由于学习基础差而对某一学科不感兴趣，在学习这门功课时不能很好地进入状态。二是外界因素的影响。例如出于对这一学科老师的不满而不愿意投入更多的精力来学习这门功课。三是努力不够所致。由于在某一学科上所花费的时间与精力不足而导致偏科。

②调整偏科心态。有偏科现象的同学往往一见到这门学科，便头昏脑涨，精神紧张，于是就选择逃避。爱迪生曾说过："去做害怕的事情，害怕自然就会消失了。"当你害怕某一学科时，并不能说明你缺少这方面的能力，只是说明你缺少解决这方面的经验。也许你很有这方面的才能，只是由于害怕而发挥不了潜能。只要你去面对了，就已经向成功迈进了一步。如果你想改变自己的偏科现象，首先要调整好自己害怕与逃避的心态，勇敢地去面对它。所以，要纠正偏科的习惯，你要调整心态，牢记十二个字：树立信心，勇敢面对，循序渐进。

③制订补缺措施。对于那些学习基础差而对某门学科不感兴趣的同学，建议你制订一个补缺计划，再找一个人做辅导，从头补起；对于因为外界的原因而造成对某一学科不感兴趣的同学，建议你换个角度看问题，也许你会喜欢上这门学科；对于自己不努力而导致的偏科现象，建议你多花功夫主动去学那些不愿学习的科目，把时间花在平时不怎么花时间导致成绩差的学科上要比花在那些优秀学科上能取得更大的收获。

34. 克服学习中的"高原现象"

克服学习中的"高原现象"要做到"五心"：树立学习信心，培养学习耐心，增强学习恒心，精心变换方式，细心调节大脑。

[诠释]

每个同学可能都会有这样的经历：当你学习较长一段时间后，总会有一种心悸、厌倦、烦躁的心理，表现为：学习怎么也提不起精神，注意力总是集中不起来，硬着头皮去学习总是记不住等。这种学习中出现的心理上的低潮状态，我们称为学习中的"高原现象"。如果能够跨越"高原现象"这个台阶，你的学习将会有一次大的飞跃。

①树立学习信心。面对“高原现象”，千万不要害怕，不要丧失信心，要相信自己完全能够通过“高原区”。

②培养学习耐心。面对“高原现象”，千万不能气馁，不要急躁，要耐心细致地将自己学过的知识进行梳理，做到融会贯通，从而达到对知识的深层理解。

③增强学习恒心。“高原现象”是可以克服的，但不是一下子就能克服掉的。也许你经过了一番努力，但仍然没有度过“高原期”，此时千万不要心急，要坚信自己的每一次努力都已经为克服“高原现象”向前进了一步。

④精心变换方式。克服“高原现象”，要求在学习中不断变换自己的学习方式。例如，当你背诵了一篇语文知识后，再去演算几道数学题；当你做了一套物理试卷后，再去背几个英语单词；等等。

⑤细心调节大脑。出现“高原现象”，说明你的大脑已经处于抑制状态或心理处于低潮期，此时最需要的就是对大脑进行细心调节。调节的最好办法就是让大脑适当地休息，可以采用静态休息，也可以采用动态休息。静态休息即让自己的身心完全处于休息状态；动态休息则是指可以到户外做一些小运动量的体育锻炼，也可以邀请几个同学对某个问题展开讨论交流等。

35. 避免学习疲劳

激发学习兴趣，培养良好习惯；
注重劳逸结合，减轻学习负担；
保证合理营养，注意充足睡眠。

[诠释]

学习疲劳是在连续学习之后出现的一种生理、心理状态，目前在我国中小学学生中是一个普遍现象，其表现为：头脑麻木、思维滞缓、情绪沮丧、大脑反应迟钝、注意力分散、对学习不感兴趣等。学习疲劳分为暂时性学习疲劳和慢性学习疲劳两种。暂时性学习疲劳通过休息、睡眠就能很快消除，而慢性学习疲劳的消除则需要花较大力气，如果不及时采取措施，继续下去将对学习十分不利。

①激发学习兴趣，培养良好习惯。有的同学对某一学科的学习不感兴趣，上课不爱听讲，作业不爱做，但又必须完成老师布置的作业，只好硬着头皮去做；

有的同学学习只知道死记硬背，经常开夜车做题。这样很容易造成生理、心理疲劳。因此，只有激发学习兴趣，才能使同学们愉快学习；只有培养良好的学习习惯，才能提高学习效率。

②注重劳逸结合，减轻学习负担。有的老师经常搞“题海”战术，使学生疲于应付；有的家长望子成龙心切，不断给孩子层层加码。由于学业负担过重，同学们很容易出现学习疲劳。因此，同学们一方面要精做习题，减轻学习负担；另一方面要适度用脑，注意劳逸结合。

③保证合理营养，注意充足睡眠。脑力劳动是高级神经活动，合理的营养是大脑有效运作的物质基础，充足的睡眠是精力充沛的保证。因此，同学们既要保证自己有合理的营养，又要保证有充足的睡眠。

36. 解题有法，但无定法

不搞“题海”，但要有题量；
不求模式，但要多思考；
不贪难题，但要有难度；
不唯结果，但要重过程。

[诠释]

①不搞“题海”，但要有题量。谈到解题必然会联系到题量。同一个问题可以设置不同的陷阱，同一个问题可从不同方面给予辨析理解，这样就得有较多的题目要做，同学们也只有解答多方面的题目，才能得以消化和巩固基础知识。那么做多了题就一定会陷入“题海”吗？回答是否定的。缺乏基本要求，思维跳跃性大，质量低劣，类同题目重复出现，造成学生机械模仿，思维僵化，用定式思维解题，这才是误入“题海”。至于富有启发性、思考性、灵活性的题，百解不厌，这样的题解得越多，收获越大。所以，为了提高学习成绩，离不开解题，而且要有一定的题量给予保证。

②不求模式，但要多思考。解题有法，但无定法。所以，我们不能用相同的模式去解答各种不同的习题。首先，文、理科的思维特点有差异，文科侧重形象思维，而理科侧重逻辑思维。数学偏重图文与函数关系的分析推导，而物理突出

具体问题高度概括，抽象出物理模型。其次，解题方法也要随题而变，不同题目的解题方法一般是不同的，不能用一成不变的方法统揽，或者用几种既定模型搞定。再次，题目是千变万化的。尽管解题要经历审题（理解题意）、解题（具体过程）、答题（说明结果）几个环节，但解题的方法是灵活的，要因题而变。因此，我们不能盲目地迷信某种模型解题，它会束缚你发散探索的思路，只能让你走进机械模仿、死记硬背的死胡同。因此同学们要独立思考，重在方法的迁移和变通，具体问题具体分析。

③不贪难题，但要有难度。题目有难易之分，同学们应该以解中等题为主，这种题含有基础性要求，同时又有提升能力的空间。有相当一部分同学好高骛远，贪大求难，热衷于难题怪题，反而会受挫。只有抓住基础题和中等题，才能逐渐进步，增强其解题的自信心。

④不唯结果，但要重过程。解题时，很多学生喜欢对照参考答案，只要结果与答案相同就万事大吉，这是一种不好的做题习惯。解题是学习的参与，也是思维的经历，正是由于解题才孕育了知识积淀、方法积累。所以，我们不要一味追求结果，而要重视解题的过程，这样收获会更大。且解题中往往会遇到歪打正着、偶然巧合变“错错得正”的情况，如果只唯结果，而忽视过程分析，就会以讹传讹，错误的定式将始终影响解答某类习题。同学们只有重视解题过程，才会认真分析问题的发生、发展和变化过程，促成解题周密严谨。同时，同学们也可“反刍”解题过程，检查思路和方法是否正确，公式书写和运用是否有笔误。只有这样，才能保证过程与结果的无缝对接，使解题更趋规范。

37. 学习者的三层境界

苦学——学习者的第一层境界；
好学——学习者的第二层境界；
会学——学习者的最高层境界。

[诠释]

①苦学。提起学习就讲“头悬梁，锥刺股”“刻苦、刻苦、再刻苦”，处于这种层次的同学，觉得学习枯燥无味。对他们来说，学习是一种被迫行为，不能

体会到学习中的乐趣，长期下去，对学习必然产生一种恐惧感，从而滋生厌学情绪。结果，在他们那里，学习变成了一件苦差事。

②好学。所谓“知之者不如好之者”，达到这种境界的同学，其学习兴趣对学习起到重大的推动作用。他们对学习的如饥似渴，常常到废寝忘食的地步。他们的学习不需要别人的逼迫，自觉的态度常使他们取得好的成绩，而好的成绩又使他们对学习产生更浓的兴趣，由此形成学习中的良性循环。

③会学。学习本身也是一门学问，有科学的方法，有需要遵循的规律。按照正确的方法学习，学得就会轻松，学习效率就高，思维也变得灵活流畅，能够很好地驾驭知识。有这种境界的同学真正成了学习的主人。同学们在学习中应追求更高层次的学习境界，使学习成为一件愉快的事，在轻轻松松中学好各门功课。

38. 自我管理“八环节”

计划管理——有规律；
预习管理——争主动；
听课管理——抓重点；
复习管理——求方法；
作业管理——讲自律；
错题管理——常反思；
难题管理——会溯源；
考试管理——重效率。

[诠释]

①计划管理——有规律。第一，长计划，短安排。同学们在制订长期目标的同时，一定要制订一个短期目标，这个目标要切合自己的实际，通过努力是完全可以实现的。达到了一个目标后，再制订下一个目标，确保一个目标、一个目标地实现。第二，挤时间，重落实。在时间上同学们要有通盘计划，要制订较为详细的课后时间安排表，并严格遵守，坚持下去，形成习惯。

②预习管理——争主动。预习的目的是要形成问题，带着问题听课，当你的问题在脑中形成后，听课时就会集中精力听老师讲解。预习要做到三点：一要读。

每科用10分钟左右的时间通读课本，对不理解的内容要记录下来。二要写。预习时将模糊的、有障碍的、思维上的断点书写下来。三要练。预习的最高层次是练习，就是做一做课后的练习题。

③听课管理——抓重点。听课必须专心听老师讲解，跟着老师的思维走，抓重点，当堂懂。既要抓公共重点，如定理、公式、单词、句型等，更要抓自己的个性重点，即自己预习中的不懂之处。

④复习管理——求方法。有效复习的核心是做到五个字：想、查、看、写、说。想，即回想，回忆；查，即查漏补缺；看，即读课本，看听课笔记；写，即随时记下重难点；说，就是复述知识。

⑤作业管理——讲自律。要积极主动、保质保量地完成老师布置的作业，并有计划地完成自己设定的作业。要独立完成作业，坚决杜绝抄袭作业。

⑥错题管理——常反思。错题反映了你的薄弱点，消除了错题就等于把高分拿在手，故同学们都要准备一个错题本。建立错题本可用16开的横格本，每页上下分六部分：第一部分是原题，第二部分是错因，第三部分是正确答案，第四部分是举一反三，第五部分是归纳提醒，第六部分是复习次数，每隔一段时间要复习一次。

⑦难题管理——会溯源。一般来说，难题之难多半在于题目所涉及的知识点较多，知识点之间关系错综复杂，思维（及方法运用）跳跃性大、逻辑性强。因此，对于难题，建议同学们用溯源的方法整理。一是查清楚题目所需知识清单，同时辨清知识间的内在联系；二是复原自己考试时的思维路径，查“堵”点、“歧”点；三是借助参考答案探究自身存在的盲点、疑点和疏漏点。

⑧考试管理——重效率。同学们可设计一张考试失分统计表进行管理。按科目分为填空、选择、计算、阅读等项目。错了、丢了多少分，用统计表说话。这样，就能明白哪些是审题出了偏差，哪些是运算出了错误，哪些知识点还没有记牢，哪些方面还需进一步改进和提高等。

39. 重视时间管理

学会舍弃——确保做好最重要的事情；
做擅长事——放弃超过能力范围之事；
巧用时间——根据学科内容安排时间；
注意休息——挤出适当时间保证休息；
保证执行——计划执行坚持持之以恒。

[诠释]

一天只有 24 个小时，每个人再怎么挤也有限，但是时间利用的效率是可以成倍提高的。当我们在思考如何利用时间的时候，首先要想到的不是从哪里“抠”时间，而是怎样提高现有的时间利用效率。

①提高时间利用效率的第一个原则：学会舍弃。要确保自己一直在做最重要的事情，实际上也就是确保自己的时间一直在被高效地利用。如果你今天计划做五门学科的试卷，那么请先做你觉得最需要提高的那门科目。

②提高时间利用效率的第二个原则：做好自己擅长的事。在有限的时间内不仅要放弃那些看起来不太有价值的东西，更重要的是要学会放弃那些看起来很有价值但超过自己能力范围的东西。我们要保证自己的学习效率，就要多做和自己水平相适应的题目，这样既有成就感又能提高自己的解题能力。

③提高时间利用效率的第三个原则：根据不同学科内容的学习特点安排时间。面对那些需要大量阅读、理解、背诵的东西，就要选择自己精力比较充沛，并且时间比较长、不容易受到干扰的时间段来做。对于自己精力不太旺盛、比较容易受干扰的时间最好用来做题。

④提高时间利用效率的第四个原则：注意适当的休息。要想把时间利用好，除要挤时间学习外，还要学习挤时间休息。有很多同学喜欢熬夜，但这样就会影响白天的学习，上课容易打瞌睡，一天到晚都是迷迷瞪瞪的。

⑤最重要的原则：学会执行。良好的计划既需要每天执行之前牢记在心，也应该在每天执行之后进行检查，只有如此才能不停地督促自己，持之以恒。

40. 从初中到高中的“软着陆”

思想上——不能松懈，不要掉队；
习惯上——摒弃浮躁，踏实细心；
行动上——自觉学习，计划学习；
方法上——学练结合，边练边思；
问题上——勤学少问，注重技巧；
心态上——自我调节，学会沟通。

[诠释]

初中生升入高中，不仅有环境的变化，也有知识的长进，还有心理的跨越。

①思想上不能松懈，时时刻刻提醒自己，要刻苦努力，不要掉队。有相当一部分同学进入高中后，以为万事大吉了，打算休息一段时间，然后再努力，反正高考还早着呢，这就大错特错了。高中三年，眨眼即过，而且高一、高二、高三所学知识环环相扣。高一的知识比较简单，但如果基础打得不牢，到了高二、高三学习就会吃力。所以，从跨入高中大门开始，同学们就要有长远的目标和近期的计划，步步为营，稳扎稳打，时时抢占先机。

②要摒弃浮躁、不安的学习心态，养成认真、踏实的学习习惯。同学们在小学、初中学的知识比较简单，即使你粗心大意，也无关紧要。但到了高中，如果再抱着这种蜻蜓点水式的学习方式，就不能完全消化老师所讲的知识，高中比的是谁更努力、更细心、更少犯错误。这也是很多粗心的同学在小学、初中成绩很优秀，而到了高中后成绩越来越差的原因。

③要学会自觉地学习，有计划地学习。一进入高中，同学们会惊奇地发现，与小学、初中老师事事关心、面面俱到相比，高中老师管得较松，作业留得不多，上自习很少有老师看着。在这样宽松的学习环境下，同学们必须做到：一是要自觉地学习。有些同学管不住自己，放任自流，不能自觉地预习、复习。长此以往，与那些自觉学习的同学的差距就会越拉越大。等你发现差距的时候，一般很难赶上了。二是要有计划地学习。在学习的过程中，总会有自己学得好的部分，也有学得不好的部分，自己要有计划地随时查漏补缺。高中开设的学科较多，有计划地分配时间，避免偏科也很重要。

④试题并不是做得越多越好，要边练习边思考。到了高中以后，随着知识的不断加深，很多老师为了提高成绩，都会让学生做大量的试题，同学们千万不能为了做题而做题。做一定数量的试题当然是必需的，同学们只有通过多做试题，才能将课堂上老师所讲的知识理解透彻，但如果撇开书本知识只做题，到头来不仅不会的仍旧不会，而且会的也可能不会了。这就要求我们在做题的同时将试题和知识有机结合，以达到深化知识的效果，同时还要找出自己不会做的试题，通过做题真正弄懂它。

⑤“不会就问”不一定是好习惯，要注重掌握知识和解题技巧。遇到不会的问题当然要向老师、同学们请教，但大家一定要明白：一道题目，一个技巧，只有自己弄懂，独立求解，才是真的明白。向他人请教得到的知识，往往只是得到了该知识的皮毛，并不一定领会了知识的精髓，下次遇到类似题目，还是不会解答。所以，面对一道难题，首先要独立思考，争取自己解出来。如果自己实在看不懂、解不出，再向他人请教。请教时要留意别人是怎样思考的，而不是仅仅关心答案。听懂之后，找一道类似的习题再练习一下，以巩固所学的知识和技巧。

⑥要保持良好的、积极的心态，学会沟通。进入高中以后，同学们或多或少会遇到一些思想问题，如果处理不好，也会影响学习成绩。遇到问题，我们首先要学会自我调节，多从积极的方面思考问题；其次，要多跟老师、父母、同学、朋友进行沟通，寻找解决问题的途径，千万不要因为自尊心而逃避问题。

41. 初高中衔接树立四个观念

全力以赴开好头，
调整学法争上游，
增强学习自觉性，
勇往直前阔步走。

[诠释]

进入高中，首先要了解高中学习的特点，这对同学们日后的学习大有帮助。初高中衔接需要树立四个观念，同学们可以根据自己的实际情况采取一些有针对性的应对措施，尽快适应高中的学习节奏。

①全力以赴开个好头。初中和高中在学习内容上存在一个不小的台阶。如何顺利跨上这个台阶不跌倒，从而拥有一个良好的开端，对整个高中阶段的学习十分关键。其应对措施为：假期不要虚度，做好一定的准备工作；必须抛弃“松高一，混高二，拼高三”的错误观念，全力以赴，开一个好头；绝不能有“脚踏进高中校门，就等于进了保险箱”的想法，稀里糊涂放松两个月，待到发现不妙，再要赶上去就难上加难了。

②及时调整学习方法。高中阶段的学习进度快，难度大，内容多，坡度陡，反复少，这和初中的情况很不一样。如果以初中的学习方法来应对，要成功恐怕不可能。其应对措施为：尽快适应高中老师的教学方法，不要老是抱怨；按高中老师的要求及时调整学习方法和学习习惯。谁能尽快养成适应高中学习的新习惯、好习惯，谁就能获得制胜的法宝。

③学会寻找自身原因。高中学习的另一大特点是对学生学习的自觉性要求较高。相对而言，小学和初中的学习比较迁就自觉性不强的学生，但这样的学生在高中成功的机会渺茫。其应对措施为：随时告诫自己，自觉性是一个人成熟的表现，你是自己行为的第一责任人，也是行为后果的直接承受者；抛弃凡事只埋怨别人、推卸自己责任的做法，养成遇事先从自身寻找原因的习惯。

④勇往直前不开倒车。上学就像坐车，上了高中的车，只有勇往直前，想开倒车是不行的；中途下车，想溜达一下，车就开走了，你就再也赶不上了。其应对措施为：在任何时候都不放松，特别是高一、高二阶段绝不能掉以轻心，计划把“宝”压在高三的想法绝不可取。

二、课前预习篇

“凡事预则立，不预则废”，学习也不例外。预习是学生在学习过程中一个必不可少的环节，对学习效果影响很大。一位中学生说：“预习是合理的‘抢跑’。一开始就‘抢跑’领先，争取了主动，当然容易取胜。”某地对1000名七年级至高三学生的调查结果显示：重点学校有25%的学生、普通学校有17%的学生能够达到预习要求。也就是说，至少有75%的学生没有养成预习的习惯。预习从时间和内容上可以分为三类：

①学期预习。是指在开学前，利用假期对下一学期将要学习的内容进行全面系统的了解，做到心中有数。学期预习的做法一般为全册预习，从整体上了解和熟悉整册课本的主要内容和特点。一要通读课本，清楚课本的章节数和章节题目；二要了解课本的目的、任务、要求、重点和难点等；三要准备参考用书，制订相应的学习计划。

②阶段预习。阶段预习一般为单元预习，其任务是熟悉课本单元内容，明确单元目标和任务，探索单元间的相互联系等。阶段预习一般是利用晚上的自由学习时间和双休日、节假日进行。

③课前预习。是指在老师讲课之前预习下一节课的内容，做到初步了解，并做好学习新知识的准备工作。课前预习是同学们学习成功的第一步，也是最为关键的一步。

42. 预习是提高效率的关键

灵活安排预习时间，
坚持预习从不间断，
防止预习走向极端。

[诠释]

同学们要最大限度地提高预习效率，要特别注意以下三个问题：

①灵活安排预习时间。预习时间要在服从学习整体计划的前提下灵活安排。要根据每天的空余时间，安排预习科目，分配预习时间。要保证重点学科课前预习 20 分钟左右，时间充裕时也可以安排非重点学科的预习。

②坚持预习从不间断。有的同学经过一段时间的预习后，感到学习成绩没有明显提高，就想放弃预习，这是不可取的。课前预习要持之以恒方能奏效，决不能“三天打鱼，两天晒网”。

③防止预习走向极端。一要防止预习过粗，流于形式，达不到预习目的；二要防止预习过细，使预习变成完全自学，打乱了整体学习计划。

43. 课前预习“三字经”

先预习，很重要；下节课，准备好。
巧预习，有诀窍；重难点，把握好。
勤预习，常思考；境界高，学习好。

[诠释]

①课前预习是一种良好的学习习惯，也是一种行之有效的学习方法。课前预习不仅为同学们上好下一节课提前做好准备，而且能明显提高学生的学习效率，激发其自觉学习的主观能动性，从而获得课堂学习的主动权。

②课前预习也要有“诀窍”，预习新课可按以下程序进行：第一步，浏览课本；第二步，找出本节课应掌握的预备知识，并复习、巩固和补习这些知识；第三步，编写本节课的内容提要；第四步，确定本节课的重点和难点；第五步，找

出上课时应重点解决的问题，特别是对将要上的新课中自己不理解的问题，要用彩笔勾出。

③课前预习是提高听课效率的重要一环。如果你课前做了充分的预习，对所学新课有了整体的了解，对新课要讲什么、重点是什么、难点在哪里，做到了心中有数，那么听起课来注意力就会集中，思考就会主动，对知识的领会就会进入更高的境界，学习效率就会更高。

44. 课前预习“三字诀”

快——快速预习课本；
准——准确把握知识；
通——新旧知识贯通。

[诠释]

①快，就是阅读速度要快，接受新信息要快。预习时不要拖泥带水，磨磨蹭蹭，而要集中时间、神情专一，这样可以培养你思维的敏捷性，对所学知识能够迅速加以分析、综合、归纳、概括。快速预习，既是为了节省预习的时间，更是为了适应升学考试对“速度”的要求。

②准，就是要准确地把握知识的要点、重点和难点。在预习中培养你的思维能力，善于去粗取精，由表及里，抓住内容的关键和实质。

③通，就是能够把握知识的来龙去脉，使你所学的新旧知识能够前后融会贯通。全面培养你的思维的开阔性、灵活性，既善于从整体上把握知识，又能从不同角度灵活地理解知识。

45. 课前预习“四字法”

读——预读新课内容；
画——圈点画线眉批；
写——撰写预习笔记；
记——重点知识记忆。

[诠释]

课前预习的形式可用四个字概括：读、画、写、记，亦称“预习四字法”。

①读。即课前预读，也就是阅读新课内容，必要时还需要阅读与新课有关的已学知识，有针对性地复习新课可能涉及的旧课知识。课前预读对阅读的理解层次要求不高，如果将读书划分为粗读、细读和精读三个层次的话，那么课前预习只要求达到由粗读到细读的层次。粗读，即用较快的速度概览全篇内容，观其大略，了解梗概，从而对新课有一个粗略和直观的印象。细读，也就是仔细地阅读。细读中应弄清这节课的重点、难点及个人的疑点所在，要求能把握中心，初步理解课文。

②画。即阅读时对新课中的有关概念、定理和重点圈点画线，或者注眉批、分段落。预习理科知识还需要准备一个专用的练习本。每次阅读时可用颜色不同的笔进行勾画，这样有利于区别阅读的层次。不同颜色代表不同的见解和意义，能使理解步步深入。但阅读中也不要到处去勾画，勾画太多反而有碍重点的突出。一个善于阅读的人会有一套自定的习惯记号，每种记号很自然地表达了他所要表达的意义，既简便明确，又节省了书写的地方。眉批一般写在书的天头、地脚、段尾或篇末的空白处，内容诸如段落篇章的简单提要，阅读中的个人见解，一闪而过的思想火花以及对课本中的问题质疑等。

③写。即写预习笔记。预习笔记可以只写出本节课的重点和难点、个人的初步见解以及阅读中提出的疑难问题，也可以只完成“读”和“画”两步程序，而不用写预习笔记。在写预习笔记时应留出一定的空白，以便听课时把老师讲授的有价值的内容补充进去。对于有一定难度的课程，一般只要求写简单的预习笔记，预习时把更多时间用在阅读和思考上，待上课听讲时再按老师的讲课思路写出课堂笔记。

④记。即对新课重点知识进行记忆，如重要的词、句和段落，重要的概念、定理和结论等，要求能基本记住。分段细读之后，为了整理自己的预习思路，可以把新课内容从头至尾再细读一遍，或者是合上课本，闭目反思。这时如果感到知识连贯、脉络清晰、有条理，就说明对新课的内容梗概和中心思想已经比较熟悉了。回读、默想、反思是行之有效的阅读记忆法。

46. 文科预习“五步走”

默读——默读所学课文；
查阅——查阅生字生词；
朗读——朗读课文三遍；
摘抄——摘抄重要语句；
思考——思考疑难知识。

[诠释]

中小学文科各门课程预习的目的在于初知内容、疏通文意。预习的主要任务是读（看）课文、自学字词、初步理解课文内容、初步研究课文的结构特点、摘录好词佳句，提出疑难问题。而“默看—查阅—朗读—摘抄—思考”，则是预习课本的五个常规性步骤。

①默读。初读课文时，可以采用默读的方法。初次默读的要求有两个：一是了解课文的大概意思，譬如课文写了一件什么事、介绍了一个什么人、描摹了一些什么景、告诉我们哪些知识、抒发了怎样的情感等，目的在于对全文获得一个完整的、初步的印象。二是准确地找出全部生字，画出不理解或不全理解的语句。

②查阅。就是通过查阅字典、词典或问别人（同学、老师、家长）的方式，对不认识的字读准字音，对不理解的词语要初步了解它的意思。

③朗读。就是朗读课文。“眼过三遍，不如嘴过一遍。”大声诵读，对课文内容的理解和记忆很有好处。预习时的朗读一般可进行三遍：第一遍重在巩固生字的读音，要把课本读通读顺；第二遍注意文章内容、思想意义，了解文章写的人、事、物、景和作者想说明的东西；第三遍要注意文章结构、写作方法。

④摘抄。就是把自己认为应该积累的词语句子、重要事件、主要观点摘录下来。“嘴过三遍，不如手过一遍。”动手摘录，使眼、手、脑并用，效果比朗读更好。

⑤思考。通过一系列的预习活动，当你对课文的内容、特点有了初步的了解后，还应该静静思考：这篇课文在文字上、语句上、内容上、知识上、思想意义上还有哪些问题不太清楚，需要在上课的时候认真听老师讲哪些内容。这些问题，有的可以直接在书上做记号，有的则需要写下来。

47. 预习要处理好三个关系

课前预习要处理好预习内容深与浅的关系，预习过程学与问的关系，预习之后习与听的关系。

[诠释]

①处理好预习内容深与浅的关系。课前预习要理解课本最基本的知识，并找出自己不懂的地方，为高效听课奠定基础。所以，预习不在于越深越好，越细越好。如果盲目求深求细只能事倍功半，得不偿失。

②处理好自己钻研与请教他人的关系。自己钻研课本固然很好，但若抱着“不撞南墙不回头”的犟劲死啃硬骨头，不但耗时费力，而且收效甚微。而请教老师、同学或家长，可使自己的学习效率得以提升。

③处理好课前预习与课堂听课的关系。在课前通过预习已经掌握的知识，课堂上还要认真听老师讲解。只有认真听老师分析思路，才能训练自己的思维能力，提高自己分析问题和解决问题的能力。

48. 目标牵引与任务驱动

课前预习（小预习）——扫除障碍，明确目标；
章节预习（中预习）——发现重点，弄清框架；
学期预习（大预习）——立足整体，高瞻远瞩。

[诠释]

有的同学预习占用了大量的时间，且效果不好，其原因尽管是多方面的，但主要原因是没有弄懂预习的核心是目标牵引与任务驱动。

①课前预习（小预习）——扫除障碍，明确目标。这种预习方式，只要在课前对老师要讲的新课内容粗读一遍，用铅笔标出如下问题就可以了。第一类问题：漏洞；第二类问题：重点；第三类问题：关键词；第四类问题：难点。这样预习虽耗时不多，却实现了“扫除障碍，明确目标”的前期准备。

②章节预习（中预习）——发现重点，弄清框架。这是对知识的模块式预习

方式，和课前的预习相比，章节预习的方式会使我们站得更高一些。时间安排在周末或其他相对较长的自由时间里，同学们可以按如下几点来操作：一是读读本章（单元）大标题，想想“这章主要写的是什么”“我都知道有关这一章的哪些内容”“本章将有哪些我已经学过的知识”等；二是读读本章开篇的学习目标或引言，想想“本章必须要掌握的内容是什么”“学完本章我可以解决哪些问题”等；三是读读每一小节的标题，这不仅是本章知识的子目录，也是本章知识的关键词；四是读读每一小节的第一段；五是读读每一小节的黑体字；六是读读课后题。

③学期预习（大预习）——立足整体，高瞻远瞩。这是预习的最高境界，时间安排在开学前或学期初学习任务不太重的时候。集中一定的时间通览新的教材，进行较为系统的自学。这里介绍一种称为“SQ3R”五步阅读法。“SQ3R”五步阅读法为美国艾阿华大学心理学教授罗宾逊所提出的一套读书方法。“SQ3R”是指浏览（Survey）→质疑（Question）→精读（Read）→背诵（Recite）→复习（Review）。

49. 预习要因“科”制宜

中小学各门课程都有各自的特点和规律，因而预习的方法要因“科”制宜，不能“一刀切”。语文、英语和政史地预习重在通读课文，而数理化生预习则更偏重扫除学习前的障碍。

[诠释]

中小学各门课程都有各自的特点和规律，因而预习的方法也不尽相同。同学们若是根据不同课程的特点采用不同的预习方法，预习的效率就会大大提高。

①语文预习的方法。首先，通读课文、注释，画出生字、生词和不好理解的句子。其次，查工具书，即给生字注音、给生词注释以及解决一些可以解决的问题。再次，尝试归纳出课文的中心、段意、人物特征、表现手法等，可在听课时与老师的讲解进行对照，以加深理解。

②英语预习的方法。英语预习可以分为单词的预习和课文的预习两部分。单词的预习可以先看课后的单词表，也可以直接在读课文时画出不懂的单词，这样可以把以前学过又没掌握的单词一并找出来学习。在课本上，尝试着用铅笔画出

英语习惯用语、固定搭配和句型；接着预习课文，先自读课文，了解课文大意；再接着尝试翻译课文，把自己不能翻译的句子标记下来。

③政史地预习的方法。预习政史地时，除预习好课本的正文外，还要注意预习课本每章开头的引言，有意识地培养我们对书面语言的概括和提炼能力；要预习课本的文献资料，培养自己的资料阅读和材料处理能力；要预习课本后的练习题，培养自己理解记忆和分析问题的能力。预习时，一要边读边思，并列出提要，初步了解新课文的基本内容和思路。二要做好笔记，在课本上做出眉批，在笔记本上列出提纲和写出听课要注意的问题，养成不动笔墨不预习的好习惯。三要勤思善想，及时发现问题。

④数理化生预习的方法。首先，阅读课本，理解定理、定律、公式、常数等，记住定理、定律、公式、常数、特定的符号。其次，扫除“绊脚石”。数理化生的知识连续性强，前面的概念不理解，后面的课程就无法学下去。预习的时候发现学过的概念有不明白、不清楚的，一定要在课前搞清楚。最后，试做练习题。数理化生课本上的练习题都是为巩固所学知识而出的，如果预习效果好，一般课本后所列的习题大部分是可以做出来的。

50. 选择好参考书

参考书，莫乱看；
选择好，是关键；
看参考，解疑难；
不忘本，甭深钻。

[诠释]

时下中小学学生学习参考书满天飞，有的学生不加选择，乱看一气，实在是利少弊多。因为参考书是根据读者的不同层次、理解问题的不同角度、围绕要解决的不同问题而编写的。甚至有的参考书内容超纲，或深或浅，有的则粗制滥造，错漏百出。乱看参考书犹如把自己带入山高路险的歧途上跋涉，危害甚大。那么，参考书是不是绝对不可以看呢？也不是，看一些适宜的参考书还是很有益处的，问题在于看什么样的参考书，怎么看参考书。

①选择深浅相宜、解疑释难的参考书。每门课程可以选一本学习参考书，这本参考书的编排体系应与课本相同或相近，水平相当或略深一点，作为课本的伴读本。

②有时先看课本，对课本上的知识基本理解后，再去看参考书。有时课本上的某一内容难于理解，也可先看参考书，看它是怎样分析阐述的，从中受到启发。

③要紧紧围绕老师讲的中心内容去看参考书。参考不能“参”得太远，如果脱离当时所学的中心内容，参考就会变成“干扰”。

④参考书中有精彩的论述、精彩的题目，可以缩写注在课本上的有关地方，也可摘录写进笔记本的相应部分。

⑤看参考书的时间也可以放在做完作业之后，时间长就多看、细看，时间少则少看、粗看。

51. 精彩晨读

晨读要朗读，要声情并茂；
晨读要动手，要手口并用；
晨读要投入，要情感倾注。

[诠释]

从生理上讲，早晨的记忆力是一天中最好的时段；从习惯上讲，晨读是增长知识、探索知识奥秘的大好时光；从学习上讲，语言学习是非读不可的，想要学好任何一门语言都必须从训练口语入手。那么，如何提高晨读的效率呢？

①晨读要朗读，即要出声阅读，而非默读。朗读不是非要扯着嗓子大声读书才可，但必须要出声才能达到目的。朗读时声音响亮，抑扬顿挫，节奏分明，并将你自身的感情融入到读物中去，会大大增加阅读的形象感，培养语感和情趣感。也只有这样，你的大脑才能真正活起来，读过的东西才能印象深刻。

②晨读要动手，即要手口并用，而非只动口。为了提高自己的晨读效率，你不妨养成这样的习惯——不动笔墨不读书。读书动笔，有利于记忆，掌握书中的难点、要点；有利于储存资料，积累写作素材；有利于扩大知识面，提高分析综合能力。晨读时，你可随时在书的重点、难点和精彩之处画线或做各种符号，如

直线、双线、圆圈、黑点、箭头、曲线、方框、疑问号、感叹号等。有些需要精读的书，还可以用不同颜色的笔画线，以示区别，如在重点行下面画上红线，在难点行下面画上蓝线等。每种线条和符号代表什么意义，一般由你自己来掌握。阅读中，在文章的天头、地脚和其他空白处，随时写上自己的一些看法或体会。英语晨读时，你可以边背诵单词，边写写画画，以提高自己记忆单词的效率。

③晨读要投入，即要倾注情感，而非浅尝辄止。一篇文章只有投入地读进去，才能真正领略其中的意趣。如果你能非常投入地晨读，你眼里看到的就不仅仅是一个个生硬的汉字、单调的英语单词，而是一个充满了情感、乐趣的广阔天地。同学们一边缓缓朗读，一边慢慢思考，将“读”与“思”结合起来，加深对读物的理解，对那些优秀篇章、名言佳句反复朗读，做到“读了又思，思了又读”，自然有“味”，乃至越读越有味，越读越趣味无穷。

52. 高中生晚自习的“四个阶段”

晚自习可以分为知识复习—完成作业—课文预习—总结规划四个阶段进行学习。

[诠释]

晚自习时间是高中生自我支配的黄金时间，同学们可以分为四个阶段进行学习。

①第一阶段：知识复习。一要阅读白天老师讲解的课本内容，包括课本里面的定义、历史事件、例题等，根据课上老师的讲解，重新把思路理一遍。二要整理、补充、完善自己的课堂笔记，对于课堂上简写的笔记，要根据自己当天的课堂学习补充完整。三要解决听课过程中的遗留问题。课堂上难免有些内容听不懂或者对某些知识点理解模糊，在进行了以上两步之后，再看看课堂上听不懂的知识是不是都懂了，如果还是不懂，最好用本子记下来，以便课后去问老师或者同学。

②第二阶段：完成作业。一要挑自己不擅长学科的作业先做，让自己在精力最好的时候去攻克不擅长的学科，有利于提高弱科的学习效率。二要把作业中努力思考过但依然不会的题目先放到一边，找其他时间去问老师和同学。三是如果作业量太大的话，那些重复次数多、属抄写性的作业可以先缓一缓，等做完其他

作业感到头脑沉重、思考问题比较费劲的时候再做，可以放松一下大脑。四是对识记性的作业和推算性的作业要交叉进行。

③第三阶段：课文预习。一要阅读课本，了解第二天要学的知识，重点看看自己哪些地方感觉特别难，做好记号，在听课的时候，重视这些地方的听课。二要在阅读完后，在时间充裕的情况下，尝试做一做课后的练习。三要对照前面所学内容以及预习的内容，看看有哪些知识是与第二天所学内容有关联的知识，抽点时间回看一下旧知识。

④第四阶段：总结规划。一要总结一下当天完成了什么任务、学到了什么、解决了哪些问题、还有哪些困惑没有解决，并反思自己当天学习活动的得与失。二要规划次日的学习活动，包括学习时间、学习内容的安排、要解决哪些问题、达到什么目的等。

三、课堂学习篇

中小学学生在校学习的大部分时间是在课堂中度过的，许多教育专家经过研究得出结论：学生在课堂上 40 分钟内所掌握的知识，比课后自学 3 个小时掌握的知识还要多。这表明课堂学习是获取知识的最主要来源。在课堂上，同学们不仅可以听到老师对知识的精心讲解，还可以学到老师分析问题、解决问题的方法，并通过课堂练习，使所学知识得以巩固。同时课堂学习也是发展智力的重要途径。搞好课堂学习，必须充分运用智力，即运用观察力、思维力、记忆力和想象力，而同学们努力提高课堂学习效率则有利于自己智力的发展。

课堂学习的特点主要有四个：

①课堂学习形式好。课堂学习是一种集体学习形式，全班几十名学生在老师的指导下，集体听课，共同完成相同的学习任务。

②课堂学习时间长。在中小学学生的学习活动中，占用时间最多的莫过于课堂学习。上课是中小学学生学习活动的主要形式，学生最宝贵的时间大都是在课堂中度过的。

③课堂学习计划强。课堂学习与其他学习形式不同，它是在教学计划和课程标准指导下，在规定的时间内分科进行连续学习的一种学习形式。学生所学的每一学科、每一单元、每一节课，在知识、能力、情感和核心素养上都有明确的目标和要求。

④课堂学习效率高。课堂学习是老师经过充分备课，合理安排时间，精心设计教法，加之老师生动的语言描述、富于逻辑性的讲解、形象的示范、真切的演示、直观的板书等，使书本中复杂的知识简单化，抽象的知识形象化，从而使学生的思维与老师的讲授旋律产生共鸣，达到高效率的学习境界。

53. 要学会听课

提高认识——认真听好每一堂课；
做好准备——课前做好一切准备；
集中精力——上课集中精力听讲；
讲究方法——把握课堂听课策略。

[诠释]

听课是中小学学生课堂学习的主要方式。如果你不会听课或听课效率不高，那么你的学习成绩势必会受到影响。要学会听课，必须做到：

①提高认识。同学们要提高课堂学习重要性的认识。课堂学习是学生获取信息、匡正错误、提高能力的主要渠道，是学生走的一条最近最直的认知道路。抓住了课堂学习，就能提高同学们的学习效率。

②做好准备。一是心理准备。对每一门课、对每一位老师的课都要感兴趣。不论课堂所学内容是复杂还是简单，是喜欢还是讨厌，是多还是少，都要充满信心，认真学习。厌学情绪、逆反心理，往往使课堂学习收效甚微。二是知识准备。课前要复习上一节课的内容，以便自然衔接新内容。对新知识应有所预习，带着目的、疑问听课，针对性强，效果会更好。三是物质准备。课堂上要用的课本、笔记本、参考书、作业本及文具等，都应做好准备。

③集中精力。中小学学生上课时分心、走神的现象比较普遍，要提高课堂学习效率，必须自始至终集中精力听课。对学习习惯较差的学生来说，虽然很难做到长时间集中精力，但一定要尽力做到。

④讲究方法。做任何事情都要讲究方法，听课也不例外。听课的方法一般有以下几点：第一，听视并用法，即边听边看，以听为主，以看促听；第二，听思并用法，即边听讲边思考；第三，“五到”听课法，即听课时要做到耳到、眼到、口到、手到、脑到；第四，符号助记法，即借助符号帮助记录，以利于长期记忆；第五，要点记忆法，即抓住要点听和记，只记重点，只听难点，去掉无用信息；第六，主动参与法，即课堂听课要积极参与，主动去学；第七，目标听课法，即上新课前预习时，发现不懂的问题记录下来，课堂上带着问题听课，目标明确，针对性强；第八，存疑听课法，即听课遇到疑难问题时，不要马上打断老师讲课，

待下课后思考或请教老师、同学。

54. 如何集中精力听课

明确目标意义，
间接兴趣引导，
克服内外干扰，
注意方法技巧，
保持坐姿良好。

[诠释]

上课集中精力听讲是提高学习效率的关键，但事实上，不少学生上课时思想却经常开小差。为了克服上课“走神”现象，同学们应注意以下几个方面：

①必须对学习的目标和意义有明确的认识。我们每弄懂一个问题，每做出一道难题，都是向成功之路迈出了重要一步。认识明确才会提高学习自觉性，增强责任感，集中注意力。即使注意力一时分散了，也会立刻引起自我警觉，把分散的注意力收拢回来。

②注意力和兴趣是相互联系的。有了浓厚的兴趣，就会在大脑皮层上形成优势兴奋中心，使注意力高度集中。在学习中，同学们需要用远大理想（如当科学家、律师、医生等）这种间接兴趣来调节和调动自己的心理和行为，以减少注意力“走神”现象的发生。

③注意力分散与内外干扰有关。内部干扰，主要指疲劳、疾病、思想情绪等；外部干扰，主要指无关的声音、分心的视觉刺激物等。克服内部干扰，除调节情感外，还要积极锻炼身体，保持充足睡眠，变换学习内容，避免用脑过度，防止身心过度疲劳等。克服外部干扰，除了要尽力避免影响注意力的外界刺激，还要有意识地锻炼自己的意志力，培养“乱中求静”的本领。

④课堂学习集中注意力，还得注意方法技巧。例如，在课堂上，当老师讲到自己费解的问题时，可自我提醒：“现在我的注意力一定不能分散，否则我将越来越弄不懂了。”课间 10 分钟，一定要休息，使神经系统得到放松，从而有利于提高下一堂课的学习效率。

⑤如果听课时趴在桌子上，怎么能使注意力集中呢？所以，要想在课堂上集中注意力，必须从养成良好的坐姿开始。虽然一开始同学们会觉得不舒服，甚至还有些难受，但若坚持下去，就会逐渐明白这样做的好处。

55. 狙击“上课瞌睡症”

课间出去洗把脸，
课堂听讲站后边，
上课间隙短睡眠，
同桌帮忙瞌睡散。

[诠释]

上课瞌睡，已经成了课堂学习的最大杀手。克服上课打瞌睡的最好办法是保证充足的睡眠，除此之外有几种“绝招”也可一试：

①课间出去洗把脸。在课间，去洗手间用自来水洗把脸，能让我们的头脑更清醒。如果洗完脸后在太阳穴再抹两滴风油精，效果会更好。

②向老师申请站着听课。人在站着时不容易睡着，如果瞌睡的时候可以申请站在教室后面听课，等到瞌睡没有了再坐回到座位上。

③适当小憩一下。在老师讲课的间隙，有节制地趴在桌子上适当睡一两分钟。这个方法是大部分同学所采用的，但要因人而异。有的同学或者不习惯在桌子上趴着睡，或者一旦睡着就难以很快醒来。

④让同桌监督自己。可以效仿“头悬梁，锥刺股”的精神，让同桌在自己的手上掐一下，使自己惊醒。这虽然看上去有点“残忍”，但效果极佳，不过该法尽量慎用。

56. 听课的五个细节

听课时要注意五个细节：要带着问题听课，要以听老师讲为主，要有比较地听讲，要积极主动发言，要自觉参与讨论。

[诠释]

①要带着问题听课。带着问题听课这种方法适用于学新课。上课前要认真预习、阅读课本，把不懂的问题记下来。这样，上课时老师讲些什么，哪些自己已经知道，哪些需要弄明白，就能做到心中有数，上课时听讲就有了针对性。如果老师对难点讲得不细、不透彻，还可以在课堂上及时提问。

②要以听老师讲为主。“听讲，听讲”，主要是先“听”老师讲，对老师讲课的内容要听清楚、听准确，听出重点，听出意图，听出弦外之音。原则上是先听清楚再思考，思考透了再动手做笔记，不要只顾思考和做笔记而忘记了听讲或顾不上听讲。

③要有比较地听讲。在听讲中，要把自己在自学预习中的理解和老师讲解的相比较，看自己对知识的把握和老师有哪些相同点和不同点。通过这种比较，一是能发现自己在自学预习中对知识理解错误的原因，二是能加深对所学知识的认识和提高。

④要积极主动发言。课堂上，老师会经常提出一些问题让学生解答。这个时候，正是锻炼自己和提高自己的最好时机，要积极大胆地抢先举手发言。有些学生担心回答错了同学们会嘲笑自己，因此就经常不发言或害怕提问，这对自己的学习是不利的。

⑤要自觉参与讨论。课堂讨论能促使学生积极思考，加深学生对所学知识的理解。讨论还能锻炼一个人的口头表达能力，提高人的辩论能力。同学们不要做局外人，一定要积极参与到小组讨论或全班的讨论之中。

57. 听课勤“动口”

复述知识——动口说；
朗读知识——动口记；
提问知识——动口问；
回答知识——动口答。

[诠释]

听课不仅要动脑，还要动口。这样，上课就能够主动接受和吸收知识，把被动地听课变成积极、互动的活动。这不仅能增强我们的学习积极性，而且有利于提高口头表达能力。上课动口主要有以下几种方式：

①复述知识。课本上和老师讲的内容，有些往往非常专业和生硬，不好理解和记忆，我们听课时要试着用自己的话把这些知识复述一遍。有时用自己的话可能要啰唆一些，这并不要紧，只要自己明白即可。

②朗读知识。老师要求大家朗读课文、单词时，一定要大声地读出来。

③提问知识。听课时，对经过自己思考的未弄明白的问题可以及时举手请教，对老师的讲解、同学的回答有不同看法的，也可以提出疑问。这种方式也可以保证自己上课注意力集中。

④回答知识。上课时积极回答问题是理解知识的有效途径。课堂上回答问题要主动大胆。回答时要先想一想“老师提的是什么问题”“它和学过的内容有什么联系”，并先在头脑中理一理思路，心中想好先说什么，后答什么。当老师对你的回答做出点评和讲解，指出大家都应该注意的问题和标准答案时，你一定要仔细倾听，从中发现哪些知识是应当记住和掌握的。

58. 听课“四要”“五到”

听课要做到“四要”：一要专心，二要思考，三要交流，四要动手；听课要做到“五到”：耳到、眼到、口到、手到、脑到。

[诠释]

同学们上课，必须做到“四要”：一要专心听讲，即“动眼”“动耳”；二要围绕老师讲解的内容进行思考，即“动脑”；三要对有疑问的知识与老师开展对话交流，或者同学之间互相交流，即“动口”；四要对重要知识批批画画、圈圈点点，即“动手”。

有的同学把高效听课总结为“五到”听课法，即让耳、眼、口、手、脑都要动起来，多种感觉器官并用，多个身体部位全部参与听课活动。耳到，即听老师讲，听同学发言、提问，不漏听，不错听；眼到，即看课本、看板书、看老师的表情、看其他同学的反应；口到，即复述、朗读、回答问题；手到，即做笔记、圈重点、批感想、做练习；脑到，即动脑筋，积极思维。“五到”听课法要求同学们上课时要全神贯注，不能分散精力。

59. 超静觉听课法

超静觉听课法的十个要点：坚持体能锻炼，调节听课心情，品尝听课快感，师生产生共鸣，面带微笑听课，头部保持端正，按摩面部穴位，双目半眯放松，视觉神经松弛，回味听课内容。

[诠释]

某高考状元的听课箴言是：“课堂10分钟，课下半天功。”提高学习效率的关键是提高听课效率，超静觉听课法可以有效提高听课效率，其诀窍有十点：

①每天坚持累计不少于1小时中等强度的体能锻炼，每天保持课间10分钟彻底放松休息的好习惯。课间多一些轻体力健脑动作，为课堂40分钟注意力的高度集中储备足够的脑力。

②调节听课心态，优化听课意识，让潜意识喜爱听课。“喜爱听课”是最大的听课效率，“渴求听课”是最完美的听课境界。对于不太喜欢的课，你可以找来一张白纸，认真列出学习这门课的所有好处、让自己喜爱这门课的所有理由，隔一天重复读一次，慢慢就会说服自己的潜意识喜欢这些课，从而逐渐调整为积极的听课心态。

③听课中随时让潜意识品尝专注学习的听讲快感——美感、喜悦感、领悟感、庆幸感。只要同学们的潜意识喜欢听课，那么没有什么可以阻碍学习的进步。一堂课下来，大家非但不会以课堂40分钟为苦，而且还会爱上这门课。就好像收音机调对频道，老师的话声声入耳，同学们会发现其中竟蕴含着这么多的奥妙。

④听课前用良性听课信息暗示自己。听课前，要放松闭目一两分钟，向潜意识暗示输入良性听课信息：“物理老师的板书最漂亮”“语文老师的讲话很幽默”“数学老师的例题很精彩”等。用“我是物理状元”“我最喜欢××老师的课”“××老师讲课很精彩”的良性信息调整优化听课心态，就好像电视机的接收频道自动选台一样，把接收频率范围调整到最佳位置，使心、脑、意、手、耳、目、口七位合一，使听课思维与老师的讲课思维发生“共鸣”“共振”，如此听完一节课的内在收获比漫不经心听五节课还要多。

⑤用一种面部放松、面带微笑的状态听课。微笑和放松可诱导大脑进入意识清醒的听课状态，唤醒潜意识的超级学习潜能——整体性学习信息编码能力，把听课的内容直接输入到深层的神经元系统，在潜意识里留下听课印象极深的记忆烙印。

⑥听课时头部保持端正的姿势，好像从天空中垂下一根绳子系在头部轻轻向上提起。这样听课，有利于颈部、脑部血液循环畅通无阻，精神抖擞。

⑦正式听课前用双手用力搓搓脸部，按摩面部穴位，改善面部血液微循环。听课结束后如此再做一遍，刺激面部血管经络，活血健脑，使大脑始终处于灵敏、清醒的听课状态。

⑧在听课过程中，双目要始终保持半眯着的状态。这是保持40分钟听课不走神的小“秘诀”。眼睛瞪得大大的听课方式容易造成视觉神经的过早疲劳，引起听课注意力的涣散，连续听几节课后，便会感到很累。同学们养成半眯双目放松的听课习惯，越听越想听，内心便会有一种很亮堂的充实感，下课后头脑还是很清醒的。

⑨如果听课中感觉有些烦，突然走神了，可以缓缓地闭上双目，再慢慢地睁开双眼，如此一睁一闭、一开一合，重复七八次，让大脑视觉神经松弛休息一下再继续听课，学习注意力又能高度集中起来。

⑩老师讲课结束后，不要马上急着看书做作业，而应闭上双目，后仰头放松，把刚才听课的重要内容像放电影一样再回味一遍，使其在大脑烙下的长期记忆痕迹更深刻一些，把老师讲课的内容真正融化在脑海中。

60. “张弛有度”听课法

听课时不要平均使用注意力，而要善于抓住重点、难点和关键点。在听课中，保持注意力有张有弛，比整节课高度集中、过分紧张听课效果会更好。

[诠释]

据研究，人的注意力一般持续时间是十几分钟，一节课40分钟，要时时刻刻集中精力一字不漏地听讲是很难做到的。因此听课也要学会巧方法。听到要点、重点、难点和疑点时，要全神贯注，专心致志，其他时候则可以稍微放松一下。这样有张有弛、张弛有度，才能提高听课的质量。那么，听课时具体如何“张”、如何“弛”呢?

①提纲式听课。在课堂开始时，一般老师会对这一课的内容做一个总结性介绍，所以，刚上课的十几分钟，一定要集中精力认真听讲，同时，把老师讲的内容归纳一下，列出一个提纲，这就为之后的听课梳理出了一条线索。

②漫游式听课。接下来可以采用漫游式的听课方法，一边跟着老师的思路走，一边可以尽量展开自己的思维，发散地思考问题。老师讲到自己不懂的内容要认真听，讲到自己已经懂的内容可以适当放松些，让头脑休息一下。

③追踪式听课。在老师讲课快结束时，你又要像讲课开始时一样提高注意力。结束语往往是对本节课重点、难点的总结，它对我们进一步理解课本内容、掌握知识要领、领会知识实质，有着不容忽视的作用。另外，有些老师讲课的速度没有把握好，可能不得不把一半内容塞进最后 5—10 分钟内讲。因此，这一段时间讲的内容都是一节课的精华部分，同学们要像雷达追踪目标一样，集中精力认真听讲，同时注意做好笔记。

61. 紧跟老师思路

在课堂上，同学们一定要紧跟老师的讲课思路，跟紧老师的推导过程。当你与老师的思路合拍的时候，你的听课效率才能达到百分之百。

[诠释]

无论是哪一位老师，讲课都有一定的思路，紧跟老师的思路就能取得良好的效果。那么，听课时如何紧跟老师的思路呢?

①根据课堂提问抓住老师的思路，积极举手回答问题。课堂上经常出现老师讲、学生听的现象，如果你只是一味地听老师讲课，而不与老师进行互动，就很难跟上老师的思路，甚至精神涣散、走神。对此，同学们要打开紧闭的心门，勇敢地举手发言。只有这样，才能提高你的自信心，才能与老师形成互动。当你与老师的思路合拍的时候，你的听课效率才是百分之百。

②跟紧老师的推导过程。老师在课堂上教授某一内容时，一般都有一个推导

过程，如数学公式的来龙去脉、物理概念的抽象归纳、语文课文的分析等。感悟和理解推导过程就是一个思维参与、感悟方法的过程。在这个过程中，你不仅会很轻松地记下结论，还能提高自己分析问题和运用知识的能力。

③不钻“牛角尖”，保证听课的连续性。有的同学在听课时遇到没听懂的问题，总是显得很急躁，表现出一定要弄清楚，不达目的誓不罢休的样子。殊不知，老师并不会因为你在思考这个问题而停止讲课，等你从“牛角尖”中醒悟过来的时候，听课的连续性已被破坏，思路也就接不上了，而老师后面讲的问题你可能一个也听不全、听不懂，从而影响了整体听课的效果。

62. 争做课堂的主人

争做课堂小主人，大胆举手答提问。
遇到不懂之问题，及时提问不躲避。

[诠释]

做课堂的主人，就是要主动、积极地参与课堂内的全部学习活动，不当旁观者。课堂上，老师经常提出一些问题让同学们解答，这正是表现自己的最佳时机，你要积极大胆地抢先举手发言，说出自己的想法。

任何人都会遇到不懂的问题，这并不可怕，孔子曰“知之为知之，不知为不知，是知也”。如果老师对这个问题讲得不细，或没讲透彻，你可以在课堂上及时提问。你不理解的知识，也许正是大多数同学不会的地方，你的提问既代表了同学们的心声，又能帮助老师了解学生的学习情况。

如果你提出的问题不具有普遍性，老师认为没必要在课堂上再讲一遍，那也没关系，你还可以等到课后再向老师请教。如果把问题搁置起来，害怕提问，视向老师提问为麻烦，你将永远学不到更多的知识。

63. 注意老师讲课的八个细节

听课时要注意老师讲课的八个细节：注意导入收尾，注意讲课提示，注意讲解要点，注意分析思路，注意纠正错误，注意板书归纳，注意知识概括，注意总结规律。

[诠释]

我国目前中小学大多数课程，老师一般都采用讲授法，基本上以讲为主，因此，同学们听课要注意老师的以下八个细节：

①注意课堂导入收尾。老师在讲课开头，一般是概括上节课的要点，同时指出本节课要讲的内容，是新旧知识联系的重要环节，同学们务必仔细听清。老师在每节课结束前，一般会有一个小结，这是对一节课所讲知识的归纳总结，具有高度概括性，同学们听好小结，将有助于记忆课本内容。

②注意老师讲课中的提示。老师在讲到重点知识时，或有意把声音提高，或故意反复强调，或提示大家注意，同学们要引起高度重视，这有利于我们迅速抓住重点，突破难点，弄清易混点。

③注意老师讲解的要点。老师讲课，都是围绕知识要点进行讲解，同学们要抓住知识要点，听懂知识要点，理解知识要点，弄懂知识之间的内在联系。

④注意老师分析问题的思路。各学科知识都有自己前因后果、上关下联的逻辑关系，都有由此及彼、由表及里的推理思路。掌握其思路，对学懂、学透知识是非常重要的。这种思路，在理科学科中表现得比较明显，例如一个定理、一条定律都有具体的思维方法，应当注意掌握。这种思路在文科学科中也同样存在，同学们在听文科课时，要注意老师是怎样分析问题的，只要你经常注意揣摩，同样能听出“思路”来。

⑤注意老师是如何纠正错误的。在课堂上，当老师在纠正别人回答错误的问题或纠正做错的试题时，有些同学一看自己没错，就不注意听讲。其实，此时你应该特别注意听讲，以避免今后自己也犯同类错误。不要等到错误在自己身上发生时，才引起注意，那样你的学习就太被动了。

⑥注意老师板书归纳。课堂上的板书归纳不仅重要，而且具有提纲挈领的作用。同学们既要听好板书归纳讲解，又要做好笔记。

⑦注意老师概括知识要点。一般来讲，每堂课老师都要对所讲的内容进行总结概括，有的是放在下课前总结，有的是在讲过某一问题之后概括。这些总结，是本课内容浓缩的精华要点，是经老师精心提炼的画龙点睛之笔，言简意赅，提纲挈领，反映了知识的内在联系，既便于同学们牢固记忆，又有利于理解运用，十分重要。

⑧注意老师总结解题规律。每当老师讲解一个例题或习题之后，一般都要引导同学们总结解题规律，这也是老师特意画的“龙眼”。同学们注意听老师讲解答题规律，可以掌握学习要领，举一反三，触类旁通。

64. 抓住下课前的“黄金两分钟”

解疑难——解除疑难，消除疑难；
补笔记——整理笔记，充实笔记；
理思路——理清思路，审视思路。

[诠释]

常常见到这样的同学，他们在下课前几分钟就开始看表，收拾课本、文具，下课铃声一响，就迫不及待地“逃离”教室。实际上，每节课的最后几分钟，是我们对本堂课所学内容查漏补缺的好时机，善于学习的同学往往能抓好这“黄金两分钟”。那么，这两分钟“黄金时间”可以用来做什么呢？

①解疑难。对课堂上老师讲到的知识自己有想不通的问题，应该在听课时标出来，在快下课或刚下课老师还未离开教室的时候，要主动请老师讲解清楚。如果老师已经离开教室，也可以向同学请教，及时消除疑难问题，做到当堂知识当堂解决。

②补笔记。如果有些东西在听讲时没有记下来，不要因为惦记着漏了的笔记而影响记下面的内容，可以在笔记本上留下一定的空间。下课前两分钟，再从头到尾阅读一遍自己写的笔记，既可以起到复习的作用，又可以检查笔记中的遗漏和错误。遗漏之处要补全，错别字词要纠正，过于潦草的字要写清楚。同时，将自己对老师讲课内容的理解、自己的收获和感想，用自己的话写在笔记本的空白处。这样，可以使笔记变得更加完整，更加充实。

③理思路。我们还要注意下课前的及时思考，利用这两分钟的黄金时间，在心中快速把课堂上刚学过的一些关键思路理一遍，把老师讲解的题目从题意到解答整个过程详细审视一遍。这样，不仅可以加深知识的理解和记忆，还可以轻而易举地掌握一些关键的解题技巧。

65. 学超前思考，做“事后诸葛亮”

学超前思考：预习中思考，课堂上思考；
做“事后诸葛亮”：听老师点拨，学思维方法。

[诠释]

中小学学生是学习活动中的主角，是学习的“主人”，认识到这一点，就需要同学们积极主动地思考。只有思考，才能理解，才能学得明白。在课堂学习中，“思”应该做到两点，即学会超前思考与做“事后诸葛亮”。

①超前思考就是在老师讲解之前，自己首先对问题进行深入思考。预习中的思考，就是一种超前思考。高明的老师上课前提出一个问题、列出一道例题之后，往往不着急讲解，而是留出一点让学生思考的时间。这时有些同学是消极等待老师讲解，有些同学则积极思考，寻找解决问题的方法，再将思考结果与老师的正确答案相对照。后者的做法就是一种超前思考。

②“事后诸葛亮”就是在事后才明白所以然，这在日常生活中往往为人们所鄙视。其实，在学习过程中，你不可能对每个问题都透彻理解，这就需要通过老师的讲解，使自己豁然开朗，明白所以然。能在老师点拨下，通过自己的再思考把问题搞清楚，又何尝不是一种好方法呢？

值得注意的是，无论是学会超前思考还是做“事后诸葛亮”，都要学会科学地思考问题，在向老师学习知识的同时，更要把老师思考问题时采用的思维方法学到手。为此，你就必须快速地对自己和老师的思维形式、思维规律和思维方法做出评判，明了自己思维的缺点，吸收老师思维的优点，并及时调整自己的思维，形成自己的思维特点。

66. 学会记课堂笔记

确定内容——明确所记内容；
抓住重点——只记重点知识；
讲究方法——注意记的方式；
注意速度——掌握速记方法；
及时整理——课后及时完善。

[诠释]

①确定内容。记课堂笔记一定要明确记什么。一般同学们要记好四个方面的内容：一是应抓住老师讲的新知识、新内容，记清记全，而对那些以前记过的，可以写上见何处就可以了。二是要集中精力记好所缺少的内容，通过记笔记来弥补自己知识的缺漏。三是要记好那些实用的内容，如自己练习或考试中容易出错的知识。四是要记好那些带有规律性的知识，如怎样分析词的语境义、如何辨析同义词的细微差别等。还有那些与自己的爱好有关的、对扩大自己知识面有帮助的及对自己学习有启迪的知识，也是应该记录的。

②抓住重点。有的同学记笔记不善于抓重点，总以为老师的板书才是重点，便机械地一字不漏地照搬下来，其实大可不必。抓住重点内容记录，一要记老师板书的课文结构图解、关键性内容等；二要记老师特别强调的重点和难点；三要记对你理解课文内容有帮助的一些关键性知识。

③讲究方法。首先要注意记笔记的方式。记笔记有记在笔记本上的，有记在书上的，也有二者结合的。对老师板书的较为完整的、文字量比较多的内容，可记在笔记本上，使之一目了然；对课程内容的分析以及有争议的地方，或学习中的疑难问题等，可直接记在书中与之相应的地方，既省时又方便复习。

记笔记可以用符号法记。符号有多种，最常见的是加圈点、画线以及标问号、叹号等。如在语文课堂上，用“|”或“||”表示段落层次，用“.”表示重点词语，用“△△△”表示需要掌握的生词，用“﹏”表示精彩的句子，用“____”表示中心句，用“?”表示疑问等。各种符号所表示的意思要始终一致。也可以用批注法、写意法记笔记。

④注意速度。老师讲课的速度一般是每分钟90字左右，而学生听课记笔记

的速度是每分钟 20—40 字，不少同学埋怨老师讲得太快，记不下来。其实，老师讲课的速度不能太快，也不能太慢。这就要求同学们在记笔记的时候注意记的速度，掌握一些速记的方法，用符号记笔记不失为一种快速的方法。此外，还可以用压缩的方法来记，即抓住老师讲课中的一些关键性的话，用简短的词句去概括一段话的意思。要提高记的速度，专心致志听讲是关键，只有对老师所讲的内容真正听懂了、理解了，才能进行准确的压缩、记录。

⑤及时整理。在课堂上记笔记，为了跟得上老师的讲授，难免有缺漏和笔误，因此，课后要趁热打铁，对照课本，及时回忆有关信息，对笔记出现的缺漏、跳跃、省略、简记等补充完整，对笔误的地方及时纠正，对错误之处或不够确切的地方进行修改。同学们还可以进行编号分类，舍弃无关紧要的内容。这样，不仅可以帮助同学们加深对所学知识的印象，提高并巩固记忆的效果，而且可以培养同学们严谨而周密的学习习惯，提高分析概括的能力。

67. 不同学科，不同听法

听理科课重在把握基本概念和规律；
听文科课重在在理解的基础上记忆；
听英语课要积极参与语言实践活动。

[诠释]

同学们在听课的过程中，要善于抓住不同学科的特点，运用相应的方法去听讲，这样才能达到最佳的学习效果。

①听理科课重在把握基本概念和规律。数学、物理、化学是逻辑性很强的学科，前面的知识没学会，后面的学习就很难继续进行。因此，掌握基本概念是学习的关键。上课时要抓好概念的理解，同时，大家要开动脑筋，思考老师是怎样提出问题、分析问题、解决问题的，要边听边想。为讲明一个定理、推出一个公式，老师的讲解顺序是怎样的，为什么这么安排，两个例题之间又有什么相同之处和不同之处，特别要从中学习理科的思维方法，如观察、比较、分析、综合、归纳、演绎等。

作为实验科学的物理、化学和生物，还要特别重视实验和观察，并在获得感性知识的基础上，进一步通过思考来掌握科学的概念和规律。

②听文科课重在在理解的基础上记忆。文科多以记忆为主，比如政治，要注意哪些是观点，哪些是事例，哪些是用观点解释社会现象。上历史课时，首先要弄清楚本节课的主要观点；其次要弄清课文为了说明这一观点引用了哪些史实，这些史料涉及的时间、地点、人物、事件；再次要真正弄懂观点与史料间的关系；最后还要进一步思索：这些史料能不能充分说明观点，是否还可以补充新的史料，有无相反的史料证明原观点不科学；等等。

③听英语课要积极参与语言实践活动。英语老师往往讲得不太多，而是在大部分时间里，进行师生之间、生生之间的大量语言实践练习。因此，要上好英语课，就应积极参加语言实践活动，珍惜课堂上的每一个语言练习机会。

68. 克服上课分心的毛病

排除干扰，听课时要全神贯注；
培养意志，听课时要专心致志；
注意休息，听课时要精力充沛；
跟上节奏，听课时要注意策略；
放松心情，听课时要身心愉悦。

[诠释]

我们经常说的上课分心，就是在听课时注意力被别的事情所吸引，不专心听老师讲课。上课分心，是学习的最大障碍之一，我们要克服上课分心的坏毛病。

①在上课时，常常有不少外部因素的干扰，如汽车过往声、施工的吵闹声等，使同学们难以集中精力听讲。我们要排除外界干扰，全神贯注听老师讲课，千万不要心浮气躁。

②在课堂上，同学们还会受到内部因素的干扰，如听课情绪低落、身体欠佳等，这些更容易使我们分心。因此，同学们要学会培养坚强的意志和坚持不懈的毅力，控制自己的情感，排除一切干扰。

③人在疲劳的时候是很难集中注意力的，特别是上课犯困、打瞌睡时，根本提不起精神听老师讲课。因此，同学们要遵守学校的作息时间，保证充足的睡眠

和旺盛的精力。

④在课堂上，要跟上老师讲课的节奏。如果遇到暂时听不懂的知识，千万不要停下来卡在那里，脱离了老师的讲课思路。你应该在不理解的地方做个标记，继续听老师往下讲，等下课后再去向老师或同学请教没听懂的问题。

⑤听课时要放松心情，保持身心愉悦。如果你上课时实在静不下心来，可以闭上眼睛，全身放松，缓慢呼吸，两三分钟后再开始听课，这样你就能排除其他杂念，集中听课注意力了。

69. 爱提问，成绩高

有疑问，多思考；有疑问，多请教。
爱提问，学习好；爱提问，成绩高。

[诠释]

经常提出疑问有助于记忆。这是因为，疑问会促使你去寻找答案，加深你对知识的理解。你对知识理解深刻了，你记忆的知识也就牢固了。

其实，提问并没有好坏的区别。你在向老师提问时，不必拘泥于“应该问得漂亮”，我们可以从小的疑问问起。一旦养成喜欢提问的习惯，你就会觉得该问的问题实在很多，而问得越多，你的学习兴趣就会越来越高。

在上课时，忽然遇到疑问或想到疑问，你可利用适当的时机向老师提问，也可暂时记录下来，等课下解决它。要知道，疑问在刚刚产生时真是新鲜无比，如果存放过久，就像泄了气的皮球一样，其魅力就会丧失。

实践证明，经常提出疑问的同学，应用能力总是超人一等，学习成绩也会名列前茅。这些人平时看起来似乎领悟较慢，但是在考试中总会发挥出惊人的潜能，考出骄人的成绩。而那些平时不断点头，好像什么都懂的同学，一旦碰到考查能力较强的试题，考试成绩则往往不会很高。

提问绝不丢人。遇到不懂的问题一定要直接向老师或同学请教，这是你解决疑问的最直接办法，也是你取得优异成绩的重要途径。

70. 做好实验“六要六不要”

一要胸有全局，不要心中无数；
二要爱护仪器，不要随意乱用；
三要仔细观察，不要粗心大意；
四要操作规范，不要随心所欲；
五要深入思考，不要光做不想；
六要认真分析，不要潦草马虎。

[诠释]

实验是学习物理、化学、生物等学科的重要方法。因此，必须学会实验。在实验课上，同学们不仅要正确观察老师的演示实验，最重要的是认真动手做好实验。具体地说，动手做好实验要做到“六要六不要”：

一要预习，明确实验目的、原理、步骤，做到胸有全局。不要心中无数，实验中手忙脚乱，实验后对实验结果茫然。

二要理解仪器性能及使用注意事项，爱护仪器。不要随意玩弄，任意乱用。

三要仔细观察实验现象及变化过程细节，透过现象看本质。不要粗心大意看热闹。

四要操作规范，养成良好的实验素养，这是获得准确的实验结果和取得实验成功的保证。不要随心所欲、胡乱操作，甚至损坏仪器。

五要既动手又动脑，不但在操作上下功夫，而且要积极动脑深入思考为什么要这样做，不要光做不思考。

六要认真处理实验数据，分析实验结果，找出产生误差的原因，填好实验报告。不要潦草马虎，为了得到满意结果而拼凑数据。

四、课后复习篇

人的记忆是有限的，并且会随着时间的流逝而渐渐消失。1885 年，德国心理学家艾宾浩斯通过实验发现，记住的材料一小时后只能保持 44.2%，一天后还能记住 33.7%，两天后就剩下 27.8% 了。艾宾浩斯的实验向我们充分证实了一个道理，学习一定要勤于复习。实际上很多中小学学生对所学的知识记不住或很快就忘了，其原因不是脑子笨，而是他们不重视课后复习或复习的功夫不深。可见，课后复习在同学们的学习过程中是非常重要的一个环节，它可以让你将遗忘的知识重新拾起，将零散的知识变得系统，将薄弱的知识得到强化，将掌握的知识变得牢固，将生疏的技能得到训练。

从时间安排上看，课后复习可以分为当天巩固新知识，每周进行周小结，每月进行阶段性总结。从内容上看，课后复习要求每课知识即时回顾，单元知识归纳总结。具体地说，课后复习包括：

①即时性复习。首先，对所学知识进行回忆。即把老师当天所讲的内容大致回忆一遍，这样，不仅可以及时检查当天听讲的效果，还可以提高自己的记忆力。其次，要抓住课本和课堂笔记复习。看课本和笔记，重点是看想不起来或是印象模糊的地方，通过两者对比把课本上的新知识完全弄懂、学会，并且记住。再次，是参考书的复习。在对所学知识有一定巩固之后，再围绕学习的中心内容去看参考书的相关内容，对所学知识的深度与广度进一步加以扩展。

②经常性复习。对于经常性复习，间隔的时间刚开始要短些，随着记忆的巩固和加深，复习的间隔时间可适当延长。所看复习资料最主要的是课本，也可看一些教参、笔记等，还可适当选取不同难度的试题进行练习。

③阶段性复习。阶段性复习相对前两者更加系统化。当一个单元的知识学习过后，我们需要把知识进行归类，使所学知识更加条理化，这样，有利于单元知识多而不乱，杂而有序。

71. 课后复习贵在坚持

课后复习贵在坚持，既要“趁热打铁”、精心安排，又要雷打不动、坚持不懈。

[诠释]

①课后复习要“趁热打铁”。研究表明，人的记忆在2—5天内遗忘最快。一般来说，在9小时以内，趁着头脑里还有些记忆痕迹时，花10分钟时间复习的效果比在5天或10天后花几个小时的时间复习的效果还要好。许多中小学学生在听课之后，不管是不是理解和掌握，就埋头做起了作业，这是不可取的。同学们要在听课之后，抽出时间对当天所学的内容像放电影一样，在脑子里再过一遍，看看能记住多少，然后翻开课本，查漏补缺。

②课后复习要精心安排。要注意分配好复习的时间，每周从周一到周日对各门功课的复习都要做出明确的安排；在时间的分配上要处理好主科与副科的关系，既要多花时间复习重点学科和自己的薄弱学科，又要尽量使各科都能复习到。

③课后复习要雷打不动、坚持不懈。课后复习要长期坚持下去，要形成复习的好习惯，不能有时间就复习，没时间就不复习；不能学习任务轻就复习，学习任务重就不复习。

72. 课后复习“四要”

课后复习要做到“四要”：一要吃透课本，二要整理笔记，三要多加思考，四要加强练习。

[诠释]

①课后复习要吃透课本。要针对重点、难点和疑点复习，重在深化理解课本。对课本理解得越“透”，掌握得越“牢”，作业就能做得越好，学习成绩就能不断提高。

②课后复习要整理笔记。课后要整理和充实自己的课堂笔记，对所学知识进行归类。课堂听课时间是有限的，而且老师讲课的速度较快，难免会漏记一些内

容，这就需要在课后整理笔记时加以补充。特别是有的同学听课时记的是提纲式笔记，只记录了课堂内容的纲要，课下对笔记进行整理和充实尤为重要。

③课后复习要多加思考。在复习遇到疑难问题时要先自己思考，不要一遇到问题就去请教老师或同学，自己一点脑筋也不动。实际上，有的题目难度并不大，自己稍微思考一下就能解答出来。

④课后复习要加强练习。做练习一般是在复习之后进行，也可以边复习边做练习。事实证明，在复习的过程中加强练习，能明显提高复习效率。

73. 课后复习的五个好习惯

课后复习要养成及时复习的习惯、独立完成作业的习惯、练后反思的习惯、切磋琢磨的习惯、总结归纳的习惯。

[诠释]

①及时复习的习惯。同学们要及时“趁热打铁”，学过即习，方为及时。切忌在学习之后很久才去复习。这样，所学知识会遗忘殆尽，就等于重新学习。

②独立完成作业的习惯。同学们经过预习、上课、课后复习，知识究竟有没有领会，有没有记住，记到什么程度，知识能否应用，应用的能力有多强，这些单凭自我感受是不准确的。真正懂没懂，记住没记住，会不会应用，要在做作业时通过对知识的应用才能得到及时的检查。实际上，不少同学正是通过做作业，把容易混淆的概念区别开来，对知识之间的关系了解得更清楚。

③练后反思的习惯。在学习过程中，尤其是复习备考过程中，每个同学都进行过强度较大的练习，但做完题目并非大功告成，重要的在于将知识引申、扩展、深化。因此，反思是解题之后的重要环节。一般说来，习题做完之后，要从五个层次反思：第一，怎样做出来的，反思解题采用的方法；第二，为什么这样做，反思解题依据的原理；第三，为什么想到这种方法，反思解题的思路；第四，有无其他方法，哪种方法更好，反思多种途径解题，培养求异思维；第五，能否变通一下而变成另一道习题，反思一题多变，促使思维发散。当然，如果发生错解，更应进行反思：错解根源是什么，解答同类试题应注意哪些事项，如何克服常犯错误。“吃一堑，长一智”，这样才能不断完善自己。

④切磋琢磨的习惯。《礼记·学记》曰："独学而无友，则孤陋而寡闻。"同学之间的学习交流是十分重要的，遇到问题要互帮互学，展开讨论。每一位同学都必须努力吸取别人的优点，弥补自己的不足，像蜜蜂似的，不断吸取群芳精华，经过反复加工，酿造出知识的蜂蜜来。

⑤总结归纳的习惯。每章、每节的知识是分散的、孤立的，要想形成知识体系，课后必须有小结。对所学知识进行概括，抓住应掌握的重点和关键。每学习一个专题，要把分散在各章中的知识点连成线、辅成面、结成网，使学到的知识系统化、规律化、结构化，这样运用起来才能联想畅通、思维活跃。

74. 课后回忆

回忆上课经过：重点回忆老师讲课过程；
回忆所学知识：重点回忆本课主干知识；
回忆课后练习：重点回忆解题思路技巧。

[诠释]

课后回忆，就是独立地把老师上课所讲的内容再现一遍，从而巩固所学知识。这样做，一可以检查当天听课的效果。二可以提高记忆能力，培养爱动脑筋的习惯。三可以提高看书和整理笔记的积极性。那么，怎样进行课后回忆呢？

①回忆上课经过。要回忆老师是怎样引入新课的，老师是如何启发、引导和点拨重点知识的，自己不懂的部分老师是怎么讲的，老师是怎样提问的，老师是怎样进行课后小结的等。

②回忆所学知识。要回忆刚刚学到的知识记住了多少、是否真正理解、知识点是否衔接、新知识是如何从旧知识推导或引入的、新知识与旧知识有哪些联系等。

③回忆课后练习。要回忆老师在课堂上布置的练习题，哪些题目做对了，哪些题目做错了，做错的原因是什么，哪些题目不会做，不会做的原因是什么等。

回忆时，可以边回忆边对照课本和笔记，也可以先全部回忆一遍，把回忆不起来或理解不透的地方记下来，再看书、查笔记或请教别人。

75. 及时总结学习经验和规律

经验是最好的老师，规律是打开知识大门的钥匙。一个人学习成绩的好坏，往往与其是否善于总结学习经验和规律分不开。

[诠释]

学习和做其他事情一样，也要遵循一定的经验和规律。中小学学生如果不善于及时总结学习的经验和规律，只知道看书、记忆、做题，其效率往往不高。这是因为及时总结学习经验和规律，可以帮助自己及时制订学习计划，调整学习策略。同时，总结学习经验规律，也是一个自我反思的过程，它可以及时发现自己在学习中存在的问题，不断探索最适合自己的学习方法。

①及时总结和调整适合自己的学习方法，这是总结学习经验和规律的最佳途径。因为在总结学习方法的过程中，同学们也会认真去思考学习经验和规律的问题。

②每个学科的学习内容不相同，它们的学习规律也不完全相同。同学们只有总结出各个学科的学习规律，并以正确的学习规律作为指导，制订科学的学习目标和切实可行的学习计划，才能更好地搞好各科学习。

③在总结自己学习经验和规律的同时，要有效借鉴别人的学习经验和智慧，多与那些学习成绩优秀的同学进行沟通交流，从他们的学习经验中得到启发，从而不断改善自己的学习方法。

76. 背书“四有”“四要”

四有：一有计划，二有方法，三有重点，四有效率。

四要：一要熟读，二要反复，三要有意，四要巧记。

[诠释]

①学生背书要做到“四有”：一要有计划（又可分为月计划、周计划、日计划），这是背书的时间安排；二要有方法（可以采用理解记忆法、快速诵读法、提纲挈领法、分层背诵法等），这是提高背书效率的诀窍；三要有重点，不能面

面俱到，这是背书的内容要求；四要有效率，这是背书的总的目标。

②要提高背书效率，必须做到“四要”：一要熟读。读书包括朗读和默读，“背书不出声，等于磨洋工”，故读书最有效的方法是小声朗读。二要反复。既要反复朗读、反复默读，又要反复记忆、反复追忆。三要有意记忆。即有预定的记忆目的和要求，需要做出记忆的意志努力，需要运用一定的记忆方法，追求记忆的自控性和储存性。四要巧记，即不能死记硬背，要提高记忆的科学性和有效性。

77. 养成良好的做作业习惯

做作业，要抓紧；准备好，用具齐；
先做易，后做难；先做完，再休息；
要集中，注意力；要独立，完成题。

[诠释]

中小学学生做作业的好处主要有四点：一是及时检查你的学习效果，二是可以加深你对知识的理解和记忆，三是可以巩固你新学的知识，四是可以锻炼你的思维能力。因此，同学们要养成良好的做作业的习惯。做作业时，同学们要注意以下几点：

①学校里的作业要抓紧做，能在学校里完成的就不要带回家里。放学后不要先玩个够，等到筋疲力尽时才去做作业。

②做作业前，要先准备好学习用具，不要等到用时再临时东找西寻。

③做作业前要大致浏览作业的数量，做一个简单安排，并自我规定完成时间。通常情况下，先做容易的后做较难的，先做数量少的后做数量多的。在做完一门学科的作业之后，也可适当加以休息。

④做作业时，要尽量排除父母或亲属的干扰，平心静气地完成作业。

⑤做作业时要集中注意力，不要做与作业无关的事情。既不要三心二意，一边玩手机一边做作业，或者边看电视边做作业；也不要杂事太多，一会儿喝杯水，一会儿去厕所，要尽量一气呵成完成一门学科的作业。

⑥做作业期间尽量不要翻阅课本或资料，除非有难以解决的疑难问题。同学们既要独立完成作业，又要以解决问题为宗旨。

78. 做作业要保质保量

做作业时要认真审题，细心做题，讲求速度，做完作业后要检查验证，老师批完作业后还要及时纠错。

[诠释]

为了真正掌握课堂上所学的知识，必须保质保量完成老师布置的作业。同学们在做作业时，要力求做到以下几点：

①做作业时要认真审题。在审题时，要看清认准，即题目中的每一个字、每一句话、每一个符号、每一个数据，都要看清楚、认准确。一旦大意把题目看错，就会造成一步错、步步错、全题皆错的后果。因此，在审题时，一定要认真、沉着、细心。表面上这样做会影响做作业的速度，实质上慢中正孕育着真正的高效率。

②做作业时要细心做题。做题的过程要求既动脑又动手，做题的关键是要保证规范、准确。这就要求同学们要认真抄好习题，书写格式必须正确、规范，严格按照各类题的解题要求，仔细演算每个步骤，从而得出正确的结论。只有平时做题认真细致，步骤完整，思路正确，表达严密，准确无误，才能在考试中考出理想成绩。

③做作业时要讲求速度。在平时做作业的过程中，如果能做到又快又准确，那么在以后的学习和考试中，就不会出现做不完题的现象。要想提高做题速度，既要靠平时对知识的牢固积累、对知识的透彻理解，更要靠日常的刻苦练习、严格要求。

④作业做完要检查验证。做完作业后认真检查，是保证作业质量的重要手段之一。在做作业的过程中，由于种种原因，难免会出现这样或那样的漏洞和问题，因此，作业做完了之后，一定要认真检查，尽可能避免作业中的差错。作业检查一般分四步进行：一要检查题目是否抄对，二要检查审题是否正确，三要检查运算是否正确；四要检查方法、思路与步骤是否正确。

⑤作业批改后要及时纠错。老师把作业批改发回来后，一定要尽快翻阅，认真分析，深入反思。对于做正确的题目，想一想是采用什么样的方法做对的，以后遇到类似的题能不能触类旁通。对于做错的题目，要找出做错的原因：是由于慌张、马虎、粗心大意而做错；还是基础知识没有掌握，弄错了概念、定律、公

式；或者是思路不对而出错。属于第一种原因，就要警告自己以后做题时多加小心；属于第二种原因，就要在预习、听课和复习上下功夫，牢固掌握所学知识后再去做作业；属于第三种原因，就要认真钻研和分析例题，明确解题方法。只有经过分析反思，才能吸取经验教训，避免今后做题再有类似的错误发生。

79. 高效做作业的技巧

做作业时，要先复习再做题，先审题再下笔，做到细致准确；作业做完后，要认真检查和深入思考所做作业；作业批改后，还要对做错之处进行分析思考；克服拖沓作业的习惯。

[诠释]

①先复习后做作业。复习是做好作业的关键，只有复习得好，作业才能做得好。做作业前要先把老师这一节课所讲的内容认真地看一看，弄清楚基本原理和概念后再去做作业，作业才能做得既快又好。

②认真审题再下笔。做作业最关键的一环就是审题，如果审题出现失误，作业就会出现差错。做作业首先要弄清楚题目的内容、所给的条件、有什么要求、需要联系哪些知识等；其次要考虑好解题思路、方法、步骤，要善于把一道题分成几部分，化大为小，化难为易，分清其中的已知和未知条件，弄清各部分的联系，设计好整个解题步骤，一定要做到不明白题意不做题，不清楚方法、步骤不下笔。

③规范准确细心做题。做题是表达思路的全过程，这个过程要求既动脑又动手。只有平时做题认真细致、规范准确，考试时才能在良好的做题习惯中顺利答卷。

④认真仔细检查作业。作业做完了之后，一定要认真检查之后再交作业，这样可避免作业中的差错和遗漏。

⑤深入思考所做作业。作业完成之后，同学们一定要认真地再思考一遍，想一想做这些题用了哪些概念、原理、公式，这些题有什么特点、规律可寻，这些题和例题有什么关系，这些题稍加变化还能变成什么样的题，是否还有其他的解题方法等。

⑥分析批改之后的作业。老师把作业批改发回来后，同学们一定要认真分析老师的批改评语，千万不要草率了事。

⑦克服拖沓作业的习惯。有的同学是因贪玩而拖沓作业，有的是对学习无兴趣而拖沓作业，有的则是因为完成作业有困难而拖沓作业。无论属于哪种情况，都不能养成拖沓作业的习惯。当天的作业当天完成，明天还有明天的学习任务，困难只会越积越多。克服作业拖沓的最有效方法，就是要求自己当天办完当天的事，做到今日事今日毕。

80. 做作业“五不”

做作业要做到“五不”：不复习不做作业，不思考不做作业，不计时不做作业，不检查不做作业，不总结不做作业。

[诠释]

①不复习不做作业。同学们要先复习所学知识，然后再做作业。

②不思考不做作业。当遇到难题时，同学们首先要深入思考，如仍然百思不得其解，就要对照课本或请教他人了。

③不计时不做作业。做作业一定要限时，记录下做作业的时间。这样，既有利于专心做作业，又有利于合理安排做作业的时间。

④不检查不做作业。做完作业后必须认真检查一遍。

⑤不总结不做作业。写完作业后，要总结一下自己学会了什么、得到了什么、有什么体会等。

81. 做题的三重境界

解——解出正确答案；
思——反思解题方法；
归——回归课本知识。

[诠释]

做题有三重境界：第一重境界是“解”，就是想尽一切办法解出习题的答案。解题时一要思想上重视，认真做好每一道题。二要解题规范，做题时要按学科答题要求进行，做到表达清楚，层次分明，结论正确，书写工整。三要提高解题的速度，尽可能缩短做题的时间。

第二重境界是“思”，就是解题后的回顾和反思，总结解题经验和方法。既要对做对的习题总结为什么做对了，巩固正确思维，又要对做错的习题反思为什么做错了，从而纠正错误的思路和偏差。

第三重境界是“归”，就是将做题获得的知识与课本知识联系起来，回归课本。每做一道习题，要尽可能将这道题的知识点记牢，理解透彻，如以后遇到类似习题，确保能够正确应对。

82. 五遍读书法

第一遍：提前预读课文；
第二遍：研读新学内容；
第三遍：阅读单元知识；
第四遍：细读整册课本；
第五遍：考前粗读重点。

[诠释]

第一遍：在上课前要对老师新讲的课文提前预习一遍。

第二遍：在下课后，把老师刚讲的课文再认真研读一遍，把老师讲过的内容再复习一遍。

第三遍：在学完一个单元之后，从单元第一课到单元最后一课仔细地看一遍。

第四遍：在一册课本全部学完之后，结合老师的复习指导，把整本书再读一遍。

第五遍：在考试的前几天，把课本粗略地翻看一遍，重点复习平时老师在课堂上讲的重点、难点。

83. 学习卡片有助学习

学习卡，作用巧；促复习，成绩好；
抄要点，画图表；记要点，做摘抄；
便索引，记得牢；勤整理，效率高。

[诠释]

学习卡片是一种广泛适用而又灵活机动的笔记形式，一张张卡片犹如学习资料的仓库，同学们随时可以拿出来学习，对学习的提高非常有帮助。

学习卡片，作为活页纸的一种形式，它的特点就在于“活”，既可以保留笔记本记笔记的优点，又可以弥补笔记本不灵活的缺点，便于对学习资料进行整理、归类和日后查阅、保存。尤其是你可以随时对内容进行修改或增补，或者任意做排序的调整，或者根据需要做某一个专题卡片的组合。

学习卡片的摘抄主要有四种：一是抄录式。抄录书籍报刊上的名言、警句、图表、数据，以及自己需要的重要段落、章节等。二是摘要式。在钻研原文的基础上，按照原书简明扼要地摘录其要点。三是索引式。记录书刊名称、论文题目及详细出处，以备日后查找资料。四是随感式。在读书中把感想、体会、疑问等及时记录下来。

摘抄学习卡片时应注意：第一，写出的卡片体例要一致。在卡片的固定部位注明项目、类别。如从语文的角度讲，可标明语音、文字、词汇、语法、修辞、篇章、方言等项目，项目中还可标明类别，如“词汇”里可标明成语、同义词等类别。第二，项目、类别积攒多了，放在卡片盒里，可用“导片”进行分类。导片可高于卡片，在上面标明项目、类别。第三，要写明卡片上摘录内容的出处，书籍要注明出版日期、编著者、第几版、页数等；报刊要标明年、月、日、期数、页码等。第四，抄写内容要有所选择，必须写在一张卡片上，如果是“连载”很容易搞乱。如整篇文章不能详细抄录时，可摘其关键性问题。第五，卡片要定期整理。这样，一方面可以使分类更加趋于合理化，另一方面也是对卡片内容的定期复习。同时也要不断总结摸索，使自己的卡片越来越丰富。

五、学科学习篇

思维有两个翅膀，一是求同，一是求异，二者缺一，思维就不能起飞。求同，在于认识事物的共性，从而发现规律；求异，在于认识事物的个性，从而找出特点。这两者之间，相互联系，相互转化。中小学各学科的学习离不开这种“两翼”思维。

一方面，各学科的学习在许多方面需要“求同”。各学科怎样预习、怎样听讲、怎样做作业、怎样复习，这是需要探索的共同话题。不善于“求同”，就只能在“感性”的世界里碰撞。

另一方面，各学科的学习同样有许多事情需要“求异”。学习语文与学习数学的方法有什么不同，学习数学与学习物理有什么差别，学习文科与学习理科有什么区别……不善于求异，就不能因“科”制宜，各循其路，也就不能取得学习的高效率。

目前我国小学开设语文、数学、英语、道德与法治（以下简称“政治”）、科学、体育、音乐、美术等学科；初中开设语文、数学、英语、道德与法治（以下简称“政治”）、历史、地理、物理、化学、生物学、体育、音乐、美术等学科；高中开设语文、数学、英语、思想政治（以下简称“政治”）、历史、地理、物理、化学、生物、体育、音乐、美术、信息技术、通用技术等学科。不同的学科，由于学科性质、学科特点不同，其学习方法也应有所差别。本篇在兼顾小学、初中学科学习方法的同时，更多关注了高中各学科的学习智慧。

一般来说，学习文科知识，要做到以下三点：第一，加强理解，融会贯通；第二，增加阅读，培养兴趣；第三，循序渐进，温故知新。学习理科知识，同学们要记住两段顺口溜：其一，“数学物理不用愁，经典例题记心头。公式定理最重要，习题精练成绩高”。其二，“化学生物重课本，习题不宜过多啃。先看课本再精练，做完试题回头看”。

84. 语文课预习的方法步骤

语文课预习的方法步骤：总揽整个单元，分析文章名称，辨别文章体裁，熟悉作者生平，把握提示信息，了解文章背景，仔细研读课文，思考练习先行。

[诠释]

预习是学好语文的第一步，它对培养同学们勤于思考的习惯，提高分析问题、解决问题的能力有很大的帮助。预习的步骤主要有以下几点：

①总揽单元。现行中学语文课本都是以单元作为基本单位的，同一单元的几篇课文除各具特色外，尚有其共同的知识和规律。因此，对整个单元浏览一遍，预先形成一个知识系统，明确单元要点，高屋建瓴，可少走弯路，便于对比和总结。

②分析题目。题目是文章的眼睛，是“透视”美景的“窗口”，充分利用这个窗口，也就占据了“进攻”课文的有利地势。有的题目启人深思，文章的内容往往就是对这些问题的回答和解释；有的题目则直接告诉我们文章的中心、说明或记叙的对象。

③辨别体裁。不同体裁的文章，有其不同的特征和基本要素。例如，议论文的论点、论据和论证方法；记叙文的事件及事件本身的发生、发展和结局；说明文的说明对象、说明顺序和说明方法；应用文的基本格式和基本写法；等等。预习时紧紧围绕这些基本特征来思考，就能选准体裁。

④熟悉作者。作者的生活经历、文化素养和思想观念往往影响他作品的风格，因此，要学习某文学作品的风格，最好先对其作者有一定的了解。

⑤把握提示。在现行的语文课本中，每篇课文都有“预习提示”或“自读提示”，这些提示就是帮助预习课文的“钥匙”。提示一般提供以下信息：写作背景、中心思想、结构安排、艺术特点及语言风格等。预习时若带着这些信息去了解课文、分析问题，就会有的放矢，从而提高学习效率。

⑥了解背景。文章都是为时而作、有针对而写、有感而发的。对背景的了解有利于把握文章的写作目的和中心内容。

⑦研读课文。在研读时，切不可浅尝辄止，应仔细阅读，深入体味。阅读中遇到的难字生词应查工具书。生动而典型的语句和段落要反复阅读，进而阐明和

作注。发现疑点，若思考后还不懂，可在听课时解决；若课堂上未涉及，下课要问老师或与同学讨论，切不可就此放过。

⑧思考练习。对课后作业的练习，若能事先思考，就会做到心中有数，在老师讲授时，就会找到这些问题的思考角度或答案。这样既提高了作业的质量，又节省了时间。

85. 语文学习七个“一”

读一读——阅读课文；
画一画——勾画句词；
查一查——查阅词典；
问一问——虚心求教；
写一写——动笔勤写；
练一练——精做习题；
想一想——联想巩固。

[诠释]

①读一读。阅读课文是语文学习的第一步。通过阅读，把握全文大意，了解作者情感，学习文章特色。不同类型的课文需要不同的读法，老师教授的课文需精读，字、词、句、篇等各个知识点全方位掌握，精彩语段达到成诵，自读课文需泛读，有的还需跳读，一目十行，以求提高阅读速度。

②画一画。即在阅读课文的同时，把文中的重点句、中心句、名句以及生字、生词，用不同的符号勾画出来。这样既能加深印象，又便于复习巩固。遇到规范的句子，不妨划分一下句子成分；复句还需标明关系；典型语段既要划分层次，还需归纳层意；遇到疑难，还要做出标记，便于以后向老师、同学求教。

③查一查。即查工具书。字典、词典、参考资料，只要用得上，尽可能发挥工具书的作用。亲自查找答案，是探索学习方法、摸索学习规律的过程，也是提高运用工具书能力的过程。对于似曾相识的语句，不妨查一查以往学过的课文，把新旧知识联系起来。查出的答案经过分析辨别，有利于提高理解能力。

④问一问。“三人行，必有我师焉。”学习过程免不了有疑难，独立钻研实

在解决不了的，要善于向老师、同学请教。有时自己向老师请教一个问题，老师很可能把相关知识联系起来给你讲解，这更会使你融会贯通。

⑤写一写。俗话说：“眼看十遍，不如手过一遍。”无论平时学习还是考试，有的同学往往把常用字词写错，其原因就是缺少训练。生字、生词、重点语句不妨在理解记忆的基础上，反复写一写。又如一些作文题，往往看似容易写来难，也要动笔写写，切忌眼高手低。

⑥练一练。就是通过做练习题，检验自己对知识掌握的程度。做题要把习题的目的、意图弄清，要注意归纳总结，寻找规律，触类旁通。做练习题，既要在老师的指导下进行，也要自觉地做。同学们反对搞“题海战术”，但不做一定数量的练习题，学习质量肯定得不到提高。练后才能知不足，及时反馈矫正，以求牢固掌握所学知识。

⑦想一想。学习的内容可以通过“想”来巩固。可以从点到面，也可以从整体到部分，或纵向或横向，把知识点有机地联系起来，形成知识体系，印在脑海里。当某个知识点联想不起来时，要经过查找及时巩固。想的时空不受限制，无论课上、课下，还是校内、校外，都可以尽情地联想。当你“山穷水尽”之时，通过联想，也许会步入“柳暗花明”之境。

86. 学好语文的“金钥匙”

学好语文的“金钥匙”：课堂专心听课，学会思考问题，认真学好课本，整理读书笔记，经常查工具书，坚持勤练随笔，主动向人求教，选读课外书籍。

[诠释]

①听课除认真听老师讲解外，一要动笔，在书上圈圈画画，在笔记本上记下重点、难点和疑点；二要边听边思考，听课时要注意老师的讲课思路、要点，同时要积极思考，随时准备发言。很多同学往往不注意课堂听讲这一环节，一节课的内容在课外却要花几个小时才能弥补上，真是得不偿失。

②思考是掌握知识的中心环节，要养成独立思考的习惯，首先要善于提出问题。思考是从问题开始的。因此，思考的最好办法就是多问几个为什么。现代文

要多读、多思，少做题，每读完一篇文章后，留出2—3分钟的时间给自己提出几个问题，看自己是否能回答出来。例如：这篇文章的中心是什么，这篇文章主要写了什么，是怎样写的，为什么要这么写等。

③认真学好课本知识。语文课本中该背诵的内容一定要背得滚瓜烂熟，该熟读的知识一定要烂熟于心。

④语文知识零零碎碎，要善于整理读书笔记。读书必须学会圈点勾画，养成不动笔墨不读书的习惯。写读书笔记有助于培养勤于思考的习惯，有助于加深对读物的理解和记忆。做读书笔记可以摘抄、摘录、做卡片、钩玄提要、写读后感等。

⑤读书学习要养成勤查字典、词典等工具书的习惯。工具书的种类很多，除字典、词典外，还包括文献资料、索引等供参考使用的图书。最常用的工具书如《新华字典》《现代汉语词典》《古汉语常用字字典》《唐诗鉴赏辞典》《宋词鉴赏辞典》等。工具书不仅是最好的老师，可以随时查阅碰到的疑难问题，而且也可以作为一般的阅读材料来读。中小学学生最好要有《现代汉语词典》《古汉语常用字字典》两本工具书。

⑥坚持写日记练随笔。日记和随笔就是把自己一天的所见所闻、所思所感有选择、有重点地记录下来。不但形式灵活、可长可短、可叙可议，而且内容广泛，可以海阔天空，无所不谈。坚持练笔就要“笔不离手”，一练语言文字运用的熟练程度，二练自己的逻辑思维能力，要注意培养自己的观察能力、判断能力和理解能力。

⑦要学好语文，就必须养成求教于人的习惯，“敏而好学，不耻下问”。凡是不懂的、有疑惑的、把握不准的，都应当勇于向别人请教，问老师，问同学，问家长，问其他有学问的人。学习还需要有追根刨底的精神，真理往往在研讨中诞生，智慧的火花只有在碰撞中闪现。

⑧语文学习最重要的内容是读书。要学好语文，只读好课本是远远不够的，必须要大量阅读课外期刊和书籍，从书中获取丰富的精神营养。许多同学觉得每天的作业都来不及做，哪来时间读书？笔者认为关键不是没有时间，而是你想不想读书。读书除报刊的“浅阅读”材料外，还要有计划地读一些古今中外的经典名著。一周读一本，一学期就是十几本，一年就是几十本。这些书，不仅可以让你自信地走入考场，而且将使你受用终身。

87. 文言文“四步”诵读法

第一步：借助注释，粗读课文；
第二步：质疑解难，细读课文；
第三步：深入领会，精读课文；
第四步：鉴赏评价，熟读课文。

[诠释]

语文课强调文言文的朗读、背诵，其意图是让学生通过多读多背来掌握文言知识，理解文意，培养语言感悟能力。文言文的诵读可分四步进行：

第一步：借助注释，粗读课文。预习时完成粗读任务。粗读的首要任务是疏通文字，然后在此基础上感知课文，从整体上初步把握课文结构。结合注释，根据上下文读两三遍，再揣测文意，对课文内容应该能大致了解。粗读中要画出疑难词句，以备在课堂上有的放矢地听讲。

第二步：质疑解难，细读课文。通过课内细读，要能准确地正音、正形、断句，要解决粗读中遇到的疑难问题，要对文章结构进行分析，要增进对文章内容的理解。

第三步：深入领会，精读课文。精读时要力求读出语气、语调和节奏。通过精读，更深入地感悟、理解作品，体会文章的情感，把握文章的特色。

第四步：鉴赏评价，熟读课文。这一步主要靠同学们课后主动进行。要熟读成诵，强化文言字词的学习效果，深化对课文内容、结构的理解，要有意识地提高自己的文学鉴赏、评价能力。

88. 文言文翻译“十字法”

文言语句重直译，把握大意斟词句；
倒装成分位置移，被动省略译规律；
人名地名不必译，古义现代词语替；
碰见虚词因句译，领会语气重流利。

[诠释]

翻译文言文有三个基本原则：信、达、雅。所谓信，就是指译文要准确无误，不误解、不遗漏、不增译；所谓达，就是指译文要通顺畅达无语病，符合现代汉语的语法和用语习惯，做到字通句畅；所谓雅，就是指译文要优美自然，力求体现原文的语言特色，文笔优美，富有表现力。文言文翻译常用的“十字法”：

①留。专有名词、国号、年号、地名、人名、物名、官名、器皿等，可照录不翻译。如《陈涉世家》：“陈胜自立为将军，吴广为都尉。”“将军”和“都尉”都是官名，照录不翻译。

②删。删去不需要翻译或没有实在意义的词。如《曹刿论战》：“夫战，勇气也。”这里的“夫”为发语词，翻译时应该删去。

③补。翻译时应补出省略的成分。如《两小儿辩日》：“日初出大如车盖，及日中则如盘盂。”翻译时在“如盘盂”前补出形容词性谓语“小”。

④换。翻译时应把古词换成现代词，或将词类活用词换成活用后的词等。如《观潮》：“每岁京尹出浙江亭教阅水军。”这里的“岁”应换成“年”。

⑤调。调整语序。文言文中一些特殊句式（谓语前置、定语后置、宾语前置、介宾结构后置等）要按照现代汉语的语法规则调整语序。如《愚公移山》中“甚矣，汝之不惠”可以调整为“汝之不惠甚矣”。

⑥选。选用恰当的词义翻译。文言文中一词多义的情况比较常见，因此选用恰当的词义进行翻译，已经成为文言文翻译的难点。如《出师表》：“三顾臣于草庐之中。”这里的“顾”是一个多义词，有多种解释：回头看、看、探问、拜访、顾惜、顾念、考虑，在本句中用“拜访”最为恰当。

⑦译。译出实词、虚词、活用的词和通假字。如《核舟记》：“石青糁之。”这里的“糁”是名词活用为动词，翻译时必须译出。

⑧意。文言文中的比喻、借代等意义，直译会不明白，应用意译。如《鸿门宴》中“秋毫不敢有所近”直译为“连秋天里野兽的毫毛也不敢接近”，意译为“连最小的东西都不敢占有”。

⑨缩。文言文中有些句子，为了增强气势，故意用了繁笔，翻译时可以将其凝缩。如《过秦论》中“有席卷天下，包举宇内，囊括四海之意，并吞八荒之心”可凝缩为“有吞并天下的野心”。

⑩扩。一是把文言文中的单音词扩为同义的双音词或多音词，二是对一些言

简意丰的句子的翻译，要扩展其内容，才能把意思表达清楚。如《六国论》中“弊在赂秦”一句，翻译时可扩展为“弊端在贿赂秦国”。

89. 语文学习重在积累

语文学习重在积累。在阅读中积累，在诵读中积累，在搜集中积累，在交流中积累，在运用中积累。

[诠释]

在语文学习中，积累就是不断丰富语言，形成语感和读写技能的过程。因此，我们只有“积跬步”——不断地积累，才能“致千里”——形成良好的语言素养。积累的具体途径主要有以下几点：

①在阅读中积累。阅读古今中外的文学名著，是学生提高积累、丰富语言的有效途径。同学们应从阅读内容的选择、阅读计划的制订、阅读效果的物化管理（摘抄、概括、心得）等方面规范自己的课外阅读行为。

②在诵读中积累。诵读文质兼美的优秀诗文，是学生汲取人类知识宝库中的营养、积累语言、提高文化品位和审美情趣的重要途径。同学们要对难以把握的语调和句读、难以理解的作品、难以领悟的艺术境界进行消化品味，不断提高诵读水平和艺术品味能力，最终形成积累。

③在搜集中积累。搜集是学生积累语言的重要手段。同学们的搜集活动一般可分为两类：一是接触搜集。把在生活中接触到的各种语言媒介和载体显现的语言现象、语言信息搜集起来。二是分类搜集。按一定的专题从各种语言载体中搜集语言信息。

④在交流中积累。学生的阅读和生活体验是极具个性化的行为，交流则能纠正个别偏狭的理解，使语言的积累达到融会贯通。交流的形式多种多样，同学之间可交流摘抄笔记、心得体会等。

⑤在运用中积累。语言积累是为了运用，最终要形成读写技能。不会运用即使语言积累再多，也只能算个“两脚书柜”。在学习中，同学们要注意词汇积累的运用、生活语言的运用和优秀诗文的运用，通过运用使积累来的语言最终成为自己的语言。

90. 学好语文重在“三多”

多读书——多阅读，多鉴赏；
多动笔——多记录，多摘抄；
多实践——多观察，多思考。

[诠释]

古人曰：“不积跬步，无以至千里；不积小流，无以成江海。”同样，要学好语文,建构语文知识的大厦,形成语文知识的汪洋大海,关键也在于平时多积累。

①多读书。“书籍是全人类的营养品”“读书能使人头脑充实”。可见，读书对中小学学生来说是多么重要。广泛的阅读更能开阔我们的视野，陶冶我们的情操，扩大我们的知识面，拓宽和活跃我们的思路。而且，通过大量阅读，同学们将学会分析和鉴赏，提高我们的文化素养，还可开创我们写作的源头活水。实践证明，要想学好语文，不读书是万万不行的。希望同学们在语文的学习中，多读书，读好书。

②多动笔。俗语说“好记性不如烂笔头”，这就要求同学们在多读书的基础上还要多动笔，养成记日记和摘抄读书笔记的习惯。把平日的所见、所闻、所想、所感记录下来；在阅读过程中，把书中的优美词句和精彩片段摘抄下来，建立起自己的语文知识仓库。时间久了，语文能力就会在这种耳濡目染、潜移默化中逐渐提高，说起来就会“出口成章”，写起来就会“下笔成文”，不会再出现“书到用时方恨少”“巧妇难为无米之炊”的尴尬。希望同学们不仅要做“读书”的典范，而且要做“动笔”的楷模。

③多实践。“生活是个大课堂”“万物皆书卷”。同学们平日要多通过报刊、广播、电视等视听媒介，了解国内外大事，接受更多的社会信息，并积极参加一些有益的社会实践活动和丰富多彩的语文课外活动，来弥补课堂学习的不足，巩固、加深和扩大语文知识。生活是语文学习的源头活水，我们只有树立“生活处处有语文、处处留心学语文”的观念，才能把语文学活、学好。

91. 掌握汉语字词的四个原则

多见面——扩大阅读量；
留心记——留意记字词；
读课文——字词不离文；
敢使用——说写新词汇。

[诠释]

字词是建构语文大厦的砖瓦，不掌握相当数量的字词，学好语文就成了无源之水，无本之木。

①掌握字词和认识人一样，多见面就熟了。多见面有两种情况：一种是在同一篇文章中多次见面；另一种是在不同的文章中见到同一个词。通常情况下后一种的效果会更好，所以要掌握字词，首先得扩大阅读量，读的文章多了，掌握的字词自然就会多起来。

②看到的事物，如果不留心，见面次数再多也记不住，成语“熟视无睹”说的就是这个道理。因此，如果没有学习意识，没有留意记字词的习惯，那看再多的书也没用。

③有的同学喜欢把字词从文章中分离出来，反复练习，认为这样单项训练内容集中，容易奏效。这当然也是一种学习方法，但更好的方法是把字词放在语言环境中去记忆。字词的注音和解释，与其单记在本上，不如记在书上，记在这个词的旁边。学语文学的是语感，如果只记住字词的“死”解释，那何必学语文，直接去背字典、词典不就得了。所以记住字词的最好方法不是背注释，而是在理解的基础上去读课文，在文中记住它们。也就是说，看见一个字就能想起一两个词，看见一个词就能想起一两个句子，这才算真正掌握了。

④只有会用的字词才算真正属于自己的，同学们要大胆使用新学的词汇。所谓使用，主要是指说和写，特别是用在作文中。有的同学写作文，凡是稍微有点含糊没有把握的词语都不敢用，于是就总说一些陈词滥调的话。其实即便写错字或用错词会受到老师的批评，也不要只图保险不敢用新词，事实上批评可以加深对这个新词的认识，避免以后发生同样的错误，这有什么不好呢？只有敢于用新词，才能丰富自己的词汇量。

92. 作文立意“六性”

作文立意要做到“六性”：体现新颖性，把握深刻性，关注时代性，注重集中性，突出创造性，呈现人文性。

[诠释]

立意就是文章的主题，是一篇文章的灵魂。立意是作文不可或缺的一个环节，它直接关系到文章的选材、结构乃至文章主题的深度。古人云：“意在笔先。”也就是说，在下笔作文前应先在脑海中确定主题，选好立意。

①文章立意要新颖。关键是要摆脱常规思维的束缚，运用求异思维，反向、侧向思考问题，提出与通俗观点完全不同的观点。

②文章立意要深刻。要求透过现象挖掘出本质性的东西，要在常人的观点或说法上再进一个层次，能发现别人没有发现的那个点。

③文章立意要有时代气息。要写出深邃、富有想象的文章，贴近现实，关注时代脉搏。

④文章立意要集中。好的文章立意往往能集中在某一点上，这个点如同一个圆心，围绕这个圆心，可以任意画出无数个圆来。

⑤文章立意要有创造性。其核心是变化、变革、求新、创造。它要求在立意时不拘一格、无拘无束地进行多角度、多侧面、多层次的分解思考，从中选取一种最佳主题来。

⑥文章立意要呈现人文性。文章唯有真情才能打动人心，所以，同学们的文章立意要有人情味，一定要写出自己的真实感受。

93. 写好作文的诀窍

审清题，立好意；
选材实，重事例；
手法巧，构思细；
巧装饰，会点缀；
多修改，文章美。

[诠释]

作文是对阅读、分析和写作等多方面知识、能力的综合检查，是中小学学生应考的一个重要方面。不少同学一提写作文就抓耳挠腮，不知从哪儿下手。究其原因，一是平时作文基本功的训练不够，二是缺乏写作技巧。要想在短时间内写出一篇好文章，需注意以下几点：

①审清题，立好意。在语文考试中，写作部分一般不会给你现成的作文题目，只给你一个小短文或者一段小事例，然后让你分析，自拟题目。同学们首先要反复阅读、分析思考，看它有什么引申含义，揭示了哪些问题。其次，根据自己的分析来拟定题目，在自拟题目时选题不要太大，题目大了容易空洞无物。再次，把文章中先写什么，后写什么，再写什么，列出一个提纲。如果没有写作提纲，不但文章的详略难以控制，而且容易写跑题。

②选材实，重事例。在写文章过程中，一忌写成“流水账”，二忌没有事例，空洞无物。要写出一篇好文章，在选择所写的人或事时，一定要选择那些亲身经历的、最熟悉的、最有说服力的、最具代表性的人或事来描写。

③手法巧，构思细。写文章要注意人称的用法，文章中能用第一人称写的，就不用第二、第三人称。写文章的手法，可以采用开门见山的写法，也可采用插叙、倒叙的写法。还要注意文章开头和结尾的前后连贯，做到前后照应。

④巧装饰，会点缀。要学会点缀和装饰自己的文章，文中要引用一些名言、诗句、典故等。这样不仅会使读者感到文章的观点有理论依据，让人信服，而且会给你的文章增加含金量，起到画龙点睛的作用。

⑤多修改，文章美。文章写完后，自己要阅读几遍，并注意检查文章的内容是否紧扣主题，是否详略得当，有无病句重句；文章的格式是否规范，段落划分是否恰当，标点用得是否正确，有无错别字等。文章力求语言精练，字迹工整。

94. 学语文的三重境界

学好语文有三重境界：第一重境界是看语文就是语文，第二重境界是看语文不是语文，第三重境界是看语文还是语文。

[诠释]

在禅宗的故事里，有个老僧说：“三十年前看山是山，看水是水。后来看山不是山，看水不是水。如今看山还是山，看水还是水。”该故事所蕴含的道理，也可以用在语文学习上。

①学习语文之初，我们往往处在第一重境界，看语文就是语文。对如何学好语文，文章类和文学类作品有什么区别，如何阅读，如何写作，可能都会感到懵懵懂懂，有一点儿“老虎吃天，无从下口”的感觉，还会有点儿盲人摸象的疑惑。语文书就是书，语文试卷就是试卷，作文就是作文，你并不清楚自己该怎样驾驭它们。

②看语文不是语文，或者不只是语文。迷惑、苦闷、痛苦地反思之后，我们开始用心去体会什么是语文，语文包含哪些方面的知识和能力。比如，你在《读者》上看到一篇喜欢的文章，读完之后，你可能就会不由自主地去想：这是一篇什么体裁的文章，是诗歌还是散文，如果是散文，它是以记人为主的，还是以写事为主的；作者向我们讲述这个故事的目的是什么；文章到底可以给我们以什么启示；哪些词用得好；哪些话比较有哲理；文章用了哪种结构方式；文章的语言如何；文章又为什么用了这样的标题。这时候，你看到的山不再是单纯意义上的山，水也不是单纯意义上的水了。你进入了文章的内部，你已学着去分析文章。

③看语文还是语文。这是一种洞察语文学习规律之后的返璞归真，但不是每个人都能达到这一境界。语文知识积累到一定程度，经过不断地反省，对语文学习、对自己都有了一个清晰的认识，知道自己的优势在哪里，薄弱环节又是什么，怎样去突破。比如，对记叙文、议论文、说明文怎么写，话题作文如何应对，你都已经心中有数，不会再面对作文心里发怵。这时，你看到的语文，虽然还是语文，但已经上升到一个比较理性的层次，在学习和考试中就可以比较从容、自信和游刃有余了。语文学习不再是一件痛苦的事，阅读和写作也成了一种享受。

95. 学数学的五大习惯

听——认真“听”的习惯；
想——主动“想”的习惯；
审——仔细“审”的习惯；
做——独立“做”的习惯；
写——积极“写”的习惯。

[诠释]

①认真“听”的习惯。同学们在课堂上要集中精力，专心听老师讲课，认真听同学发言，抓住重点、难点、疑点听，边听边思考，边听边做笔记。

②主动“想”的习惯。积极思考老师和同学提出的问题，使自己始终置身于学习活动之中，这是提高学习质量和效率的重要保证。思考、回答问题要有根据、有条理，符合逻辑。思考问题时应逐步渗透联想、假设、转化等数学思想，不断提高思考问题的质量和速度。

③仔细“审”的习惯。审题能力是学生多种能力的综合表现。同学们要仔细阅读课本内容，学会抓住字眼，正确理解内容，对提示语、旁注、公式、定义、定理、图示等关键性内容更要认真推敲、反复琢磨，准确把握每个知识点的内涵与外延。

④独立“做”的习惯。做练习是同学们最基本、最经常的独立学习实践活动，做数学习题更是同学们学习数学不可或缺的重要一环。因此，必须养成独立做题的习惯。

⑤积极“写”的习惯。要养成写数学学习心得的习惯。写数学学习心得，就是记载参与数学活动的思考、认识和经验教训，领悟数学的思维结果。把所见、所思、所悟表达出来，既能促使自己数学经验、数学意识的形成，又能对数学概念、知识结构、方法原理进行系统分类、概括、推广和延伸，从而使自己对数学的理解从低水平上升到高水平。

96. 数学课本六步阅读法

读——精读细看；
画——勾画标记；
查——查阅验证；
思——深入思考；
比——比较对比；
练——自我检测。

[诠释]

①读。就是看课本、读课文，要精读细看，反复识记，深入理解。

②画。就是使用各种符号，做出标记，帮助分析总结。如勾画出定义、定理、重点、难点，画草图，做眉批，提出问题，可以用横线、波浪线、问号、惊叹号、箭头等不同符号。

③查。对阅读中遇到的疑难问题和必须了解的数据，可以通过查阅其他材料搞清楚，或利用工具书验证，力争经过自查不留问题或少留问题。

④思。就是思考，对所读课本中的知识多问几个“为什么”，从引入方法到概念的内涵和外延，从证明题的方法到证明题的依据等，要逐一进行深层次思考。

⑤比。在阅读时，一方面要对照阅读，进行纵向比较和横向比较，把该知识和有关知识的相同点和差别找出来，并纳入相应的知识链中；另一方面，要与同一类别同一内容参考书的解题方法进行对比，在比较中加强记忆。

⑥练。即动手做一做、写一写。所读概念是否清晰，方法是否掌握，技能是否具备，都要通过做练习来进行自我检测。

97. 学数学的“秘密武器”

学数学要把握好例题这个“秘密武器”，课前坚持读例题，课堂认真学例题，课后重视思例题，考前集中串例题。

[诠释]

例题是为了证明或应用某一定理、定义的例子。例题是题中的精华，掌握例题实际上就是抓住了数学之“纲”。正由于例题具有独特的作用，所以在学习数学的过程中必须琢磨例题、把握例题、善用例题、巧用例题。

①上课之前同学们要认真预习将要学习的内容，对其中的例题逐字逐句进行通读，力求在头脑中留下印象。碰上简单易懂的内容可以一带而过，遇到复杂难懂的地方也不要着急，用笔做好标记，留待上课时解决。

②上课时，要把握住老师讲例题的节奏，遇到简单易懂的知识注意力相对集中即可，遇到难点时注意力要高度集中，要把主要精力放在你预习时所标注的重点和难点上。

③课堂上例题弄懂了，并不说明你具备了解题能力和知识迁移能力，课后还需要从一个新的角度重新审视、分析例题。做练习是学习数学的关键。做练习时，首先要识别题型，即这道题属于本章节所讲例题的哪一类型；其次要回忆书上是如何解题的；再次分析有几种解题方法；最后明确哪一种解题方法最简便。需要强调的是，在识别题型时还要仔细回忆、思考例题具体的解题步骤，如果对所学例题产生了遗忘，要及时翻阅、记忆、分析该例题。

④考前集中串例题，就是对全书例题要做到心中有数，要弄清全书有几章，每章有几节，每节有几道例题，每个例题是如何解答的。否则，同学们就要花大力气抄写例题、识记例题、默写例题，直到牢固掌握为止。

98. 快速提高英语成绩的四大诀窍

坚持使用，敢于张嘴；
坚持阅读，善于练习；
坚持背诵，巧于死记；
坚持归类，勤于积累。

[诠释]

英语学习技巧，不仅是提高学生学习水平和能力的手段，也是快速提高其英语成绩的重要方法。

①坚持使用，敢于张嘴。有志于学好英语的同学，应该赶快拿起文章阅读，打开录音机收听，张开嘴说。多接触英语，对英语的领悟就会加深，也就能总结出适合自己的好方法。

②坚持阅读，善于练习。阅读是英语学习的一个重要方面，阅读能力是从文字中获得信息的重要能力，也是中小学学生学习英语的最便捷的手段。应从精读和泛读两方面努力。所谓精读，就是仔细读，一句话一句话地将结构和意思搞明白。对不明白的词或短语，要翻查辞典，务求弄懂。文章读完后，还要学习归纳、综合和推理判断。泛读是中小学学生容易忽略的一种阅读方式。所谓泛读，就是泛泛一读，只求了解大意，不去考虑句子结构和某些词语的用法。泛读的材料多种多样，简易读物、中小学英文报纸、各类比较浅显的英语文章，均可以供中小学学生泛读。读这类材料时，不要碰到生词就去翻辞典，要依靠上下文来猜测词义，除非一个生词反复出现，不知道意思实在影响理解全文，否则就不查。泛读还要讲究一定的速度，有时也不必逐词细看。泛读多了，语感就会增强，还能逐步锻炼跳读与扫读的能力。可以说，不会泛读的人，就不能叫会阅读。

③坚持背诵，巧于死记。学英语，只有在死记的基础上才能活用。背诵就是死记的第一步。背诵以背小短文为好。背诵的好处很多，可以使我们熟悉英语的词汇和结构，增强语感。中小学时期是一个人记忆力最好的时期，这个时期背会的东西常常能永生不忘。

④坚持归类，勤于积累。词汇、语法都是有规律的，中小学学生学习英语要注意找准规律和特点。学习语法，就是要把英语语法的基本原则记牢，并经常运用到使用英语听、说、读、写的实践中。关于词汇的学习，应坚持词不离句、句不离文的原则，结合句子记单词既好懂、好记，还有利于运用。至于词汇量，中小学学生应首先掌握好课本上所学的基本词汇。当然，对一些自己感兴趣的课外词汇记一记，也是有好处的。学习词汇可以采用归类的方法，归类可以使我们对此类词汇的特点有更清楚的认识，并对不同类别之间的差别有明晰的认识。

99. 英语单词背诵的七个节点

同学们背诵英语单词时，要注意抓住遗忘时间节点。抓好这七个节点，也就抓住了英语单词抗遗忘的记忆周期。

[诠释]

第一个记忆节点：背诵英语单词20分钟以后，此时遗忘的速度非常快，记忆的内容只剩下58.2%。在这个时间节点上，同学们应停止背诵新的内容，立即返回去复习背过的知识。

第二个记忆节点：背诵英语单词1小时之后，遗忘的速度更快，记忆的内容只剩下44.2%。在这个时间节点上，同学们要再次停止背诵新的内容，继而返回复习前面已背诵的知识。

第三个记忆节点：背诵英语单词9小时之后，记忆的内容只剩下35.8%了，此时我们必须马上再复习。

第四个记忆节点：背诵英语单词一天之后，记忆的内容还有33.7%，从这个时候开始，记忆遗忘的速度开始减慢。同学们在这个时间节点，更要将前面背过的内容重新复习，夯实巩固，以免前功尽弃。

第五个记忆节点：背诵英语单词两天之后，记忆内容还剩余27.8%，遗忘的速度更加慢了，该忘记的都忘记了，剩下的也就不怎么会忘记了。这个时候，同学们仍要返回去复习。

第六个记忆节点：背诵英语单词六天之后，记忆内容还剩余25.4%。这个时候，同学们再次对前面背过的内容进行复习，再不复习，那些忘记的就永远忘记了。

第七个记忆节点：背诵英语单词两周之后，记忆剩余的内容为21.1%，这部分记忆的内容，将永存于大脑。这个时候，为了挽回那遗忘的78.9%的内容，又要将遗忘的内容重新进行记忆。

100. 提高英语阅读能力

坚持阅读英语书籍；
慎重选择阅读材料；
养成良好阅读习惯；
采用灵活阅读方法；
学会积累英语词汇。

[诠释]

英语阅读不仅是英语学习的目的，而且是英语学习的主要手段。提高英语阅读能力，对于广大中小学学生来说，是一个重要但又艰苦的学习过程。一般来说，比较有效的方法有以下几种：

①坚持阅读英语书籍。学习任何语言都需要大量阅读，学习英语也不例外。英语学得好的人，一般都读过相当数量的书。这个道理虽然简单，但不少学习英语的人却未必明白。时下，很多人都热衷于做题，以为这是学习英语的最佳途径，结果做的练习题一本又一本，试题集一套又一套，做得头晕眼花，兴趣全无，英语水平却并没有实质性提高。因此，同学们必须把阅读当成英语学习的一个重要环节，不求每次阅读时间和文章篇幅有多长，但一定要持之以恒地读下去，这样才能收到良好的效果。

②慎重选择阅读材料。选择阅读材料一定要慎重，同学们要选择那些生动有趣、知识丰富、内容广博、难度不大的阅读材料。这样不仅可以促进英语学习，还可以丰富知识。对于中小学学生来说，最好不要选择英文名著作为阅读内容，这些作品当然是极佳的阅读材料，但并不适合中小学学生阅读。最适合中小学学生阅读的材料有英语报纸、杂志和青少年英语读物等。

③养成良好阅读习惯。在阅读过程中，要养成良好的习惯。一要养成认真阅读的习惯。阅读时一定要专心致志、聚精会神，不能边聊天边阅读，或者边阅读边干别的事。二要养成计时阅读的习惯。计时阅读每次进行 10 分钟左右即可，不宜太长。

④采用灵活阅读方法。对于不同的阅读材料，可以采用不同的阅读方法。对于重点文章、精彩段落、典型句式要精读，即逐字逐句地熟读深思，最好能达到出口成诵；对于一般的文章只需泛读，要求读得快，只要理解和掌握书中的重要内容即可；对于过难或过易以及阅读意义不大的文章，可以略读。略读又称跳读或浏览，是一种实用的快速阅读技巧，它要求读者有选择地进行阅读，可跳过某些细节，以求抓住文章的梗概，从而加快阅读速度。

⑤学会积累英语词汇。积累词汇对提高阅读水平非常重要，没有相当数量的英语词汇，阅读英语是无法进行的。在阅读时，同学们遇到生词尽可能根据上下文猜测，对仍猜不出意思的就需求助词典，然后把该生词抄写在随身携带的小本子上，每天有空时就拿出来背诵。这样你的词汇量就会增加得很快。

101. 英语写作“四步走”

认真审题，确定文章的灵魂；
草拟提纲，打造文章的骨架；
明确主句，理清文章的脉络；
紧扣主题，填充文章的血肉。

[诠释]

对于中小学学生来说，提高英语写作能力，主要方法有两点：一是模仿，即找一篇文字比较精练且自己也喜爱的短文，在学习其结构、笔法、修辞后，就类似的题材自己也写一篇相似的文章。二是复述，即在熟读一篇文章后，抛开原文，用自己的语言将它复述下来。这种在阅读的基础上练习写作的方法，可使同学们的写作能力随着阅读水平的提高而大大提高。但真正要想写好一篇英语作文，还应把握以下步骤：

①命题作文必须认真审题，自由作文必须有好的立意。文章要有明确的主题，这是一篇好的作文的灵魂，且主题必须正确、鲜明、深刻、集中。

②审好题、立好意后，就要写提纲，构建文章的骨架。文章布局一般要做好三件事：一是安排好层次段落，二是铺设好过渡，三是处理好开头和结尾。如命题作文中有提示句，还要注意提示句中的关键词，围绕关键词开拓思路，发挥想象。提纲的记录可以是英语，也可以是汉语。

③一篇短文的段落一般分为引题段、主题段和结尾段。每段的主题句非常重要，它既是学生思维的起点，又是切题的准绳，也是阐述的对象。看到段落的主题句，读者就能大致了解段落要阐述的内容。段落主题句往往是一个语法结构完整、内容概括、用词简洁明了的单句。通常将段落主题句置于每个段落的开头，这样可使文章结构更清晰，主题更具说服力。

④有了段落主题句后，还需要顺着段落主题句的方向，参照提纲中的思路，填充文章的血肉。引题段应引起读者的注意和兴趣，为主题段铺路架桥。主题段应围绕文章和该段的主题来展开，展开的方法有顺序法、举例法、比较法、对比法、说明法、因果法、推导法、归纳法和下定义法等。可以根据需要任选一种方法展开主题，也可同时使用几种方法。

102. 物理学习习惯的养成

学习物理，要养成勤于想象的习惯、咬文嚼字的习惯、瞻前顾后的习惯、多作比较的习惯、做好实验的习惯、巧用工具的习惯。

[诠释]

①勤于想象。一般需要经过纵横联想、合理推想、大胆猜想。例如：联想“为什么难以感觉地球在运动；坐在封闭的火车或飞机上，闭着眼睛，感觉火车或飞机不再行驶或飞行，为什么”。推想“描述物体的运动，需要参考系”。猜想“没有参考系，位置或方向等概念就会失去意义”。

②咬文嚼字。学习物理概念、定律，须紧扣文字表述，要挖掘“最大”“最小”“至少”“恰好”等关键词中隐含的条件。比如“力是物体间的相互作用”，这里的关键字有“物体”“间”和“相互”。

③瞻前顾后。物理作为一门学科，具有很强的逻辑性、系统性。前面接触的概念、定律或重要结论与后面新学习的概念、定律或重要结论总是相互联系的，绝不会相互“抵触”。所以学习中需要瞻前顾后，分析其中的逻辑关系，构建知识网络。

④多作比较。比较可以“同中求异”，也可“异中求同”。例如“速度”和“加速度”之间比较，相同之处都是比值定义法，不同之处是物理意义差别“巨大”。

⑤做好实验。物理是一门以实验为基础的自然科学。物理实验的知识和技能是物理学不可或缺的重要组成部分。要做好实验、理解实验，决不能搞“纸上谈兵”，走“黑板上讲实验，练习上写实验，考试时背实验”的歧途。

⑥巧用工具。要使用好数学工具，比如“代数法”“函数图象法”“向量法”和“不等式法”等。

103. 学好物理“四法宝”

记忆——熟记基础知识；
积累——搜集相关知识；
综合——融通前后知识；
提高——灵活运用知识。

[诠释]

①记忆。在物理学习中，应熟记基本概念、定律和一些基本结论等基础知识。不少同学往往忽视这些基础知识的记忆，认为学习物理不用记忆这些文字性的东西。尽管不能绝对地说背不出完整的物理基础知识，你的成绩就一定不行，但至少可以肯定，这对你理解物理问题，对你整个物理知识的学习会产生不良影响。因此，学习物理必须熟记基本概念和定律，这是学好物理的最基本要求。

②积累。在记忆的基础上，要不断搜集课本和参考资料上的有关物理知识的相关信息。这些信息有的来自某一道题，有的来自某道题的一个插图，有的则来自一小段阅读材料。在搜集整理过程中，要善于将不同知识点分析归类，找出相同点和不同点，使知识更全面、更系统，使公式、定理、定律的联系更紧密，这样才能达到积累的目的。

③综合。物理知识是分章、分节的，章节之间既相互区别又相互联系，所以在学习过程中要在理解的基础上不断进行小综合，当某一学段的知识学完后还要进行由点到线、由线到面的大综合。如果你能从综合中找到知识间的内在联系，就能将所学的前后知识连为一体、融会贯通，那么，你就能体会到学习物理知识的乐趣。

④提高。当同学们对所学物理知识进行记忆、积累和综合后，你的解题能力也会得到较大提高。针对一个题目，你首先要看是什么问题——声、光、力、电、热，或者是它们的综合题，然后结合题目所给条件，应用相关物理概念、定律或物理一级、二级结论，顺利求得结果。提高包括熟练答题、解法灵活：能一题多解，即从多解中选出一种最简单的方法；能多题一解，即用一种方法解决多种类似的题。

104. 物理学习“四要”

要目标驱动；
要吃透课本；
要加强训练；
要重视实验。

[诠释]

①目标驱动。凡事都要有目标，有了明确的目标，并发现自己一步一步向目标靠近时，就会产生无穷的动力。所以学习要坚定一个信念：要努力，要确定一个目标——赶超其他同学。

②吃透课本。课本是考试的基本依据，吃透课本中重要的概念、定理是学好物理的前提。高中物理课本分为力学、电磁学、气体、光学、声学、原子理论等板块。力学以牛顿三大定律为基础，围绕运动和能量推导出其他运动规律；电磁学以电电作用、电生磁、磁生电、磁磁作用为根本；气体部分则主要建立在气体三定律上；光学则以光的反射、折射、衍射、干射为主……在了解课本的知识体系后，同学们还要根据自己的实际情况对知识网进行修补、优化。有了这张网，你就拥有了学好物理的最有力的“武器”。

③加强训练。做题是对课本的有益补充，它能让同学们加深对物理概念的理解，提高解题速度，是考出好成绩的必要条件。做题要注意三点：第一，“精”。做题不在多而在精，现在各种各样的练习册、参考书数不胜数，水平参差不齐。一本好的参考书能让你受益匪浅，一本差的参考书则会浪费你的时间。在选择参考书时，同学们最好请教老师或有经验的同学。第二，“思”。做题不能一味地为了做题而做题，在做的同时必须要思考：想一想这道题用到哪些知识点，这道题是否有其他解法，自己能否做到举一反三。这样将思考贯穿于解题始终，一定能更深入地掌握这些知识点和解答这类题的方法。第三，“巧”。做题后如能适当地总结一下解题技巧，效果会更好。

④重视实验。物理是一门实验学科，实验是研究物理的基本手段。并且实验题又是高考的必考内容，所以我们必须认真地对待物理实验。物理实验题大部分以书本上的演示实验和学生实验为基础，所以同学们必须亲自做一遍学生实验，

并认真写好实验报告。写实验报告时，不但要分析每个实验的原理和过程，而且要分析系统误差原因等。

105. 学好物理的五个关键

学好物理要抓住五个关键：一要加强记忆和理解，二要画好物理示意图，三要做一定数量习题，四要注重与数学结合，五要善于猜想与判断。

[诠释]

①加强记忆和理解。记忆是理解的基础，完全否定记忆是不可取的，也是学习物理的大忌。记忆牢固之后，还必须理解，同学们对一个问题理解得越深刻，其学习就会越进步。

②画好物理示意图。文字总是比较抽象的，同学们将对文字的理解转化为物理过程的动态图表，并体现出在整个物理环境中物体之间的关系，就等于解决了物理问题的一半。

③做一定数量习题。我们不提倡题海战术，但做一定数量的习题对学好物理大有好处。多做习题不是要求重复十几遍地反复做几道题，而是从题的本身发掘它的内涵，充分理解题中所描述的物理环境是和什么定理、定律有关，建立什么样的模型，应用什么方法来解决。解决物理问题最好的方法是运用能量、动量的观点，因为自然界中几乎全部的物理现象都与能量或动量有关，用能量或动量的观点来解决物理习题会比其他方法简捷一些。但具体问题要具体分析，不能一味地追求能量或动量。

④注重与数学结合。要注重物理与数学的结合点，这一结合点往往是不等式、二次函数图象等。将这两个工具巧妙地用于解物理题上，可将一些毫无头绪的题目解得简单明了。有人曾说，优秀的物理学家同时也是数学家，这种说法有一定的道理。物理中有许多知识是需要严谨的数学来推理验证的，如果中学生具备了较高的数学功底，学起物理来就比较容易了。

⑤善于猜想与判断。爱因斯坦曾说过："想象力比知识更重要，因为知识是有限的，想象力概括着世界上的一切，推动着进步，并且是知识进化的源泉。"其实，说得明确一些，猜想就是"蒙"，但不是瞎"蒙"，而是根据一些信息（能

从题中得到，或由逻辑分析得出）来判断，这种方法主要用于选择题的解答上。

106. 利用好物理错题本

错题纠正要及时；
错题原因要清楚；
典型错题要记录；
翻看错题对照书。

[诠释]

平时作业中的错误，如果不注意及时纠正，在考试的时候还会再次犯错。可见，研究错题是学习物理非常重要的方法。

①错题纠正要及时。做题时出现的错误应该及时反馈，不留问题到第二天。即便作业比较多，也不要拖着不做。

②错题原因要清楚。自己做错的题错在哪里一定要刨根问底，不但要知道错，还要知道为什么错，并要做到同类题再练习一遍，以避免再次掉进陷阱去。当把错误汇总在一起的时候，就会很容易看出其中的规律性。同时，也能发现近期物理学习中的问题来。

③典型错题要记录。同学们有必要记录一些典型的错题，记录错题未必一定是自己的错题，还应该包括一些老师讲过的容易出错的典型题。这道题你这次没有犯错误，但未必下次考试、下下次考试永远不会犯。错题本的记录要宽泛，只要是对自己物理学习有帮助的，就有必要记录下来。另外，同学们还可以到中学物理网上去下载错题集，看看别人都在哪些地方犯错误。研究别人的错误，避免自己犯错，这也是一种高效的学习方法。

④翻看错题对照书。错题本的翻看要与课本的复习相结合。比如：一道典型的机械能的题这次考试做错了，你可以在这道题的旁边记录“机械能知识点见课本的某某页”；你还可以在课本上记录“这里我错了一道题，在错题本的第某某页”。这样有利于你对照错题看课本，也有利于你对照课本看错题。

107. 重视物理实验

认真操作分析实验；
根据知识设计实验；
专项分类复习实验；
总结方法训练实验。

[诠释]

实验是学习物理的重要手段。多做实验可以帮助我们形成正确的概念，加深对物理定律的理解，增强分析问题、解决问题的能力。学做物理实验应注意以下几点：

首先，同学们要认真观察和分析实验现象，弄清每个实验的目的、原理，了解仪器的性能与使用，明确实验步骤。做实验时，要遵守操作规程，依据步骤认真操作，仔细记录，细心进行数据处理，通过正确的处理和分析，总结出实验结论。

其次，同学们可以根据所学知识和现有器材，联系实际，自己设计实验，加深对课本知识的理解。例如：学习了“重心”知识后，可用“悬挂法”测验物体重心所在；学习了“摩擦力”知识后，可将橡皮筋系在木块上，通过改变放在木块上物体的质量，看出水平面上摩擦力与重力间的定性关系。这些实验对我们掌握物理定律是十分有益的。

再次，复习物理实验时，同学们可以按照声、光、力、电、热这几部分分类进行专项训练。对每一部分的特点进行总结，形成规律。

最后，做实验题要注意认真分析题目中提供的信息，明确实验目的、实验原理、实验器材的作用和选择，安排合理的实验操作步骤，并对实验现象进行观察分析和对实验结果进行归纳评估。

108. 学化学“四要”

要立足双基，掌握化学用语；
要理解结构，把握物质性质；
要注重学法，提高学习效率；
要拓展知识，阅读课外读物。

[诠释]

①要立足双基，掌握化学用语。所谓“双基”是指化学的基本概念和基本理论，这是学好化学的基础。学习“双基”时不要只局限于熟记，要善于抓住其中的关键“字”“词”，准确无误地去理解，还要学会应用。所谓“化学用语”，是指化学科学在交流、描述及表达物质变化过程中常用到的一些化学术语，如元素符号、化学式、化学方程式等，要能熟练掌握，灵活运用。

②要理解结构，把握物质性质。化学研究的对象是物质，物质的组成和结构决定了物质的性质，而物质的性质又制约了物质的存在方式、制法和用途。因此在学习元素化合物性质时，应抓住其结构来了解物质性质。在学习了许多物质后，要善于将相关物质构建成知识网络，使知识条理化，以便于牢固把握。

③要注重学法，提高学习效率。学好化学必须注重学法，常见的学法有对偶知识对比法、类似知识归类法等；有效的记忆方法有物质性质网络记、化学用语分散记、交叉知识切点记等。

④要拓展知识，阅读课外读物。为了拓展知识视野、归纳知识内容、提高解题技巧和掌握解题方法，同学们可选订一份质量高、导向性准、实用性强的同步辅导材料。

109. 学习化学的四个原则

学好化学要坚持手脑并用原则、系统优化原则、及时强化原则、学进统一原则。

[诠释]

①手脑并用原则。同学们要认识到学习时动手、动眼、动口又动脑的重要性，要自觉地全神贯注地做到读、做、想、练的结合，并注意改进动脑又动手的方法，提高观察、思维、想象的能力。在课堂上，如果同学们只被动地学，只看老师做，听老师讲，而不开动脑筋想是学不好化学的。实验时如果不动手做一做，也掌握不了化学的基本技能。

②系统优化原则。同学们在学习中，要把概念的形成与知识系统化有机联系起来，加强各部分化学基础知识内部之间以及化学与物理、数学、生物之间的逻辑联系。注意从宏观到微观，从已知到未知，使所学知识成为小系统、小结构，然后逐步成为大系统、大结构，进而达到系统化、结构化的要求。

③及时强化原则。元素符号、分子式、化学方程式等是化学学科特有的用语，如果化学用语没有学会和记住，就会造成学习困难。及时强化是学习和发展的需要，及时强化才能迁移运用。强化不是消极地重复和记忆，而是积极地加深理解和加强运用。强化要及时，方法可多样。同学们要以平时强化为主，以课内外学习自我强化为主。

④学进统一原则。即要把学习与发展统一起来。根据化学学科的特点，同学们要有意识地从自己的实际出发，提高能力，培养化学学科的核心素养，使自己不断发展，把学习效率提高到一个新的水平。

110. 学好化学“五字诀”

观——培养观察习惯；
动——积极动手实验；
记——记忆化学语言；
思——动脑思考疑难；
练——主动习题训练。

[诠释]

①观，即培养观察习惯。苏联著名生理学家巴甫洛夫在他的实验室的墙上写了六个大字：观察、观察、观察。这表明，培养自己良好的观察习惯和科学的观

察方法是学好化学的重要条件之一。同学们要明确观察什么、为什么观察，并在老师的指导下有计划、有目的地去观察实验现象。观察一般应按照反应前—反应中—反应后的顺序进行。具体步骤：一要观察反应物的颜色、状态、气味；二要观察反应条件；三要观察反应过程中的各种现象；四要观察反应生成物的颜色、状态、气味；五要在老师的指导下对观察到的各种现象进行分析、判断、综合、概括，得出科学的结论。

②动，即积极动手实验。俗话说："百闻不如一见，百看不如一验。"亲自动手做实验不仅能培养自己的动手能力，而且能加深对知识的认识和理解。

③记，即记忆化学语言。化学本身有着独特的语言系统——化学用语，如元素符号、化学式、化学方程式等。一些物质的性质、制取、用途等也必须通过记忆才能掌握。同学们要根据不同的学习内容，采用不同的记忆方法。对概念、定律、性质等要认真听老师讲，在理解的基础上记忆；对元素符号、化合价和一些物质俗名及某些特性则要进行机械记忆。

④思，即勤于动脑，多分析，多思考。要善于分析"为什么"，善于思考"怎么办"，碰到疑难问题，不要知难而退，要深钻细研，直到豁然开朗；对似是而非的问题，不可轻视，要深入思考，直到水落石出。要多想、深想、独立想。只有会想，才能想会。

⑤练，即保质保量有目的地做一定的练习题。不能不练，不能少练，也不能滥练。尤其练的方式不能单一，不能为练而练，也不能盲目乱练。

111. 学习化学的诀窍

学习化学要重视七个环节：夯实基础，自学归纳，揣摩例题，查漏补缺，精练习题，重视实验，总结提高。

[诠释]

①夯实基础。学习质量的优劣，取决于基础知识的掌握程度。所以，在平时学习新知识时，应按正常的进度稳扎稳打，步步为营，打好基础。对基本概念、基本规律、基本方法要真正理解和掌握。

②自学归纳。学习时，按单元看课本，系统掌握，并归纳整理，做好笔记。

归纳的内容一般包括：本单元学过哪些基本概念、基本规律；知识点之间有什么区别与联系，并列出提纲，绘制知识网络或画出图表；本单元知识有哪些重点、难点、疑点、考点和热点；本单元中的实验掌握得如何；本单元还有哪些知识没有掌握或掌握得不牢；等等。

③揣摩例题。课本上和老师讲解的例题，一般都具有一定的典型性和代表性。要认真研究，深刻理解，要透过“样板”，学会通过逻辑思维，灵活运用所学知识去分析问题和解决问题，特别是要学会分析问题的思路，把握解决问题的方法，并能总结出解题的规律。这样，才能举一反三，触类旁通。

④查漏补缺。学习时，在自己归纳的基础上，再和老师全面系统的总结进行对照。查出缺漏，分析原因，从而完善自己的归纳，进一步加强对知识的理解，弄懂还没有搞清楚的问题，深入理解和掌握好基础知识。

⑤精练习题。学习时不要搞“题海战术”，应在老师的指导下，选定一本质量较高的参考书，通过解题来提高思维能力和解题技巧，加深对所学知识的深入理解。在解题时，要独立思考，一题多思，一题多解。既要善于在解题中发现自己的不足，并找出根源，加以充实，又要善于在解题中总结解题规律，提高解题能力。这样，才能以一当十，以少胜多。

⑥重视实验。在学习中，尤其要注重实验。一方面，要复习实验的原理和做法；另一方面，对一些重要的实验，要亲手重做，加强感性认识，以提高观察能力、分析能力和操作能力。不能只“听实验”“背实验”，以防遇到考查实际操作的习题时束手无策。

⑦总结提高。对于阶段测验，同学们要认真对待，并在老师分析试卷的基础上，进行自我总结。主要总结思维方法和学习方法，总结学习中存在的问题和不足，以明确今后的努力方向。

112. 学好生物“八会”

会看——学会看书；会听——学会听课；

会言——学会发言；会忆——学会复习；

会思——学会反思；会练——学会做题；

会纠——学会纠错；会研——学会研究。

[诠释]

①会看，即学会看书。通过看课本，对这一节的内容有一个初步的认识——主要讲了哪些知识点，自己掌握了多少，还有哪些知识理解不了。带着这些问题走入课堂，那么你的课堂学习效果一定会更好。

②会听，即学会听课。听课要听老师分析本节课的重点、难点和疑点，听自己在预习过程中未能理解的内容，听老师对重点问题是如何分析的。不仅要认真听，还要做好必要的笔记。

③会言，即学会发言。在课堂上，不妨将自己的想法向老师和同学们展示出来，也可以对老师和其他同学的解法提出自己不同的看法。这样，既提高了听课效率，又增强了自己的表达能力。

④会忆，即学会复习。一堂课下来或一个章节下来，同学们必须要有一个较为系统的复习整理过程。通过复习，一方面将一些重要的知识和技能进行巩固、强化，另一方面也可以对前后知识的内在联系有更深的理解。

⑤会思，即学会反思。古语云："学而不思则罔，思而不学则殆。"这告诫同学们在学习的过程中要经常进行反思。其实，学习生物知识最关键的是学会其中的学科思想和答题方法，学会思维。因而，同学们在看书或做题时，要多想想为什么这样做，是否还有其他方法或表述，此类习题有何规律，这种方法或表述好不好，在反思中不断提高自己的生物思维模式和答题能力。

⑥会练，即学会做题。同学们要在练习中融会知识，加深对知识的理解和答题技巧的掌握，要注重将题型分类并进行分类训练。但不要陷入"题海"，要掌握好训练的度。

⑦会纠，即学会纠错。当老师把批阅后的试卷发下来后，对试卷中自己出错的问题必须及时予以更正。这样，既能加深对知识的理解，又能提高自己的纠错能力，还能防止类似错误再次发生。

⑧会研，即学会研究。生物知识中有许多重要的结论和规律，应在老师的引导下，通过自己的观察、实验、探索以及与他人的合作、交流，自己得出结论。长此以往，同学们的探索能力一定会增强。

113. 学习生物要“三抓”

> 抓顺序——串联知识点；
> 抓联系——厘清知识网；
> 抓特点——构建“知识树”。

[诠释]

在生物学习过程中，一般都是将知识分块学习。当学完一部分内容之后，同学们要把各分块的知识联系起来，归纳整理成知识体系。这样，不仅可以在脑子里形成完整的知识结构，而且也便于理解和记忆。归纳总结生物知识要做到“三抓”：

①抓顺序。就是将各知识点按照本身的逻辑关系串联起来。如高中生物“遗传的物质基础”，可以整理成：配子→合子→细胞核→染色体→ DNA →基因→性状。

②抓联系。就是要掌握各知识点之间的内在联系，厘清点与线的纵横关系，由线到面，把零散的知识编织成知识网络。

③抓特点。就是将主干知识归纳总结成“知识树”，既抓住知识内容的重点，又体现知识体系的特点。

114. “重视”学生物

> 重视理解，勤于思考；
> 重视过程，领会方法；
> 重视观察，落实实验；
> 重视实践，学以致用。

[诠释]

①重视理解，勤于思考。生物学科的基本概念、原理和规律，是在大量研究的基础上总结和概括出来的，具有严密的逻辑性，课本中各章节内容之间，也具有密切联系。因此，同学们在学习这些知识的过程中，不能满足于单纯的记忆，

而是要深入理解，勤于思考，融会贯通。

②重视过程，领会方法。生物学科的内容不仅包括大量的科学知识，还包括科学研究的过程和方法。因此，同学们不仅要重视生物知识的学习，还要重视生物科学研究的过程，并且从中领会生物科学的研究方法。

③重视观察，落实实验。生物也是一门实验科学，离开了观察和实验，生物就失去了其存在的价值。同样，不重视观察和实验，也不可能真正学好生物。同学们在学习中要注意观察生命现象，培养自己的观察能力和动手操作能力。

④重视实践，学以致用。生物是一门与生产和生活联系紧密的科学。同学们在学习生物知识时，应该理论联系实际：一要联系自然实际，二要联系生产实际，三要联系生活实际，并能运用所学的生物知识去解释一些生活现象，解决一些社会热点问题。

115. 考前学习生物“三多”

多看：看课本，看笔记，看考题；
多做：做例题，做试题，做错题；
多思：思特点，思方法，思思路。

[诠释]

①多看。即多看课本，多看笔记，多看中考、高考真题。看书，最好能快速浏览两遍，加强对细节知识、结论性语言的识记，增强答题的准确性。笔记是经过老师或自己思维加工的产物，多浏览笔记能增强知识的系统性，把细节知识归纳在一定框架内，形成知识网络。看中考、高考真题及答案，重点剖析题干信息、答案与题干吻合性，以增强答题的技巧。

②多做。多做并不是搞题海战术，而是精做典型例题，精做基础题，精做错题。精做一些典型例题，如数据分析题、曲线图题、遗传图题、生理图题、信息给予题及实验设计题等，要从题干解读到作答进行全面实战演练。做题要限时并完整地做下来，切不可想出解题思路而不落实到文字上。错题是一种积累，大考前再次做一做以前做错的题，会得到更大的启发。

③多思。在看和做的过程中，最重要的是“思”，要领悟生物命题特点，提

炼解题方法，总结答题规律；要归纳各种题型的特点，充分挖掘题干的关键信息及隐含信息，深入剖析、选准生物学原理，体会信息转换方式，进行思维上的再加工等。

116. 政治听课“五字诀”

听——专心听讲；
读——认真读书；
想——深入思考；
记——记好笔记；
讲——积极发言。

[诠释]

①听。就是上课专心听老师的讲解分析，听同学的发言、争论、辩论、质疑等。

②读。包括粗读和精读。粗读是快速把握课文结构、分析思路，找出理论论据和事实论据。精读是细读重点段落，把握其中的关联词、关键词等，划层次，找中心，把握原理的论述方式、论证方法——是归纳还是演绎，是怎么分析的，又是怎么综合的。

③想。即思考。同学们在听、读的过程中，要深入思考，并有意识地联想。

④记。即记好笔记和错题。记老师、同学讲的并对自己有用的东西，记受人启发而产生的思想火花，记自己学习过程中存在的问题。

⑤讲。就是积极发言、大胆质疑。

117. 五步学好政治

整体把握，梳理课本知识层次；
把握线索，理清知识内在脉络；
抓关键词，突出知识核心结点；
简要概括，把握课本精神实质；
记好笔记，内化所学理论知识。

[诠释]

①整体把握，梳理课本的知识层次。同学们要把繁杂、冗长的知识一层一层地进行梳理，犹如剥洋葱一样，将所学的知识梳理出层次，然后从整体上加以把握。在内容上，要求同学们理出哪些知识是基本知识，即基本概念和基本原理。这些知识不仅自己能找出来，更要理解、记住它。在结构层次上，要求同学们看书后，了解课本中讲了几个问题，先讲什么，后讲什么，这些问题又是从哪几个层次和角度阐述的，列举了哪些事例来论证，这部分内容在整个知识体系中处于什么地位，与前面的知识有什么联系等。

②把握线索，理清知识的内在脉络。如果知识是珍珠，那么线索就是将珍珠串起来的那根线。同学们要去发现所学知识的线索，抓住了线索就抓住了所学知识的脉络。在自学中要注意“三大问题”，即先学“是什么”，再学“为什么”，最后学“怎么办”。

③抓关键词，突出知识的核心结点。线索是学习内容的“网”，关键词则是这张网中的“结点”。在学习中，同学们要在加深理解的基础上，牢牢抓住知识的关键词，从而使知识达到高度浓缩。

④简要概括，把握课本的精神实质。同学们要在整体把握课本的基础上，对课本知识进行简要概括，使知识由厚变薄，并领会其精神实质。同学们可先对一个段落、一个框题的内容进行归纳，用一两句话或一两个字概括。随着学习归纳能力的提高，逐步发展为对一课、一个单元知识的概括。

⑤记好笔记，内化所学的理论知识。同学们自学完一框或一课后，要写出自己的读后感或学习体会，或者对课本进行评述，写出眉批。如果能长期坚持下去，同学们的理论水平及运用理论分析问题、解决问题的能力定会得到较大提高。

118. 政治学习"七注意"

课前，要注意预习；
上课，要注意听讲；
听课，要注意笔记；
课后，要注意复习；
作业，要注意完成；
平时，要注意记忆；
知识，要注意体系。

[诠释]

①课前，要注意预习。上每节课之前花10分钟左右时间，对课本内容进行预习，对疑难问题做出标记。

②上课，要注意听讲。上课专心听老师讲解，有的放矢地领会预习中的疑难问题，这样能收到事半功倍的效果。

③听课，要注意笔记。俗话说："好记性不如烂笔头。"政治学科不一定要求用专门的笔记本记笔记，记在书上即可。同学们可在相关的内容旁边写一些提示性的文字，例如"含义""原理""为什么""怎么办"等，这样在下次看书时就会一目了然，印象深刻。

④课后，要注意复习。课后要及时复习，以巩固所学知识。对每一天、每一周、每一月的什么时间复习政治，看几遍课本、掌握哪些内容、要解决什么问题等，一定要做到心中有数，千万不能"三天打鱼，两天晒网"，或者"脚踩西瓜皮，滑到哪里是哪里"。

⑤作业，要注意完成。老师布置的作业一定要及时完成，不能拖拉。平时训练和检测时也要养成卷面整洁、书写规范、条理清晰等好习惯。并在评讲时认真听讲，提高自己分析问题、解决问题的能力。

⑥平时，要注意记忆。高中政治是闭卷考试，主观型试题要用到的重要知识点必须记熟背牢，这样才能有针对性地解答主观型试题。同学们要有意识地强化"背功"，转变那种认为政治学科"考前一大背，轻松又实惠"的错误观念。

⑦知识，要注意体系。单元学习结束后，同学们要自主构建知识体系和框架，

注意知识点之间的内在联系，注重知识的前后联系，不能上下脱节。要让所学知识形成一个整体，融会贯通，这样才能做到活学活用。

119. 政治学习“八字法”

巧读——学会阅读，认真阅读；
善思——开动脑筋，认真思考；
勤问——提出问题，认真解疑；
精练——精做习题，认真练习。

[诠释]

①巧读。即读书要有目的性、计划性，勤读书，读好书，会读书。同学们要认真阅读政治课本，课前要读书预习，课后要读书复习。可先粗读，了解课文的知识内容；后细读，仔细揣摩知识细节；再精读，认真领会知识精髓。通过阅读，找出每课的关键理论，把握每框的主干知识，掌握每目的重要观点，再进行强化记忆。同学们不仅要巧读书，还要养成读报刊的习惯，这样有利于更好地掌握、消化政治理论知识。

②善思。即开动脑筋，认真思考。通过思考，总结课本中的重点、难点，分析课本的结构及其内在联系，由点到线，由线到串，由串到面，使零碎的知识网络化，使分散的知识条理化，使具体的知识系统化，从而构建知识的立体框架结构，在知识体系的脉络中理解和把握知识。

③勤问。即提出问题，这是巧读、善思的必然结果。同学们通过钻研提出疑难问题，最终在老师的指导或同学的互助下使问题得到解决。这样，不仅有助于加深对知识的理解，而且有利于提高同学们理论联系实际的能力。

④精练。即精做习题。做题时关键在于吸收，不是多多益善。对做过的习题，做错了的要弄清错在哪里，为什么会做错；做对了的要能够一题多问、一题多解。同时，通过做题，查找自己哪些知识没有掌握，并要及时完善和补充。

120. 正确把握政治词语

巧析重点词——全面把握概念；
区分异同词——准确理解内涵；
抓住近义词——培养转换能力；
注意对应词——把握知识联系；
紧扣关键词——抓住知识重点；
寻找反义词——注重辩证思维；
归类易混词——加强辨别归纳。

[诠释]

词语是知识的细胞，政治课本中的基本概念是组成主干知识的重要内容。因此，同学们把握好政治课本中的名词解释，是学好政治课的基本要求。

①巧析重点词——全面把握概念。许多政治名词，表面看好像很抽象，但只要同学们运用划分句子成分的方法，就能迅速地、准确地、全面地加以理解。例如，对于经济生活中的"商品"，运用句子成分划分的方法，就能轻松地加以理解：商品是劳动产品；只有那些"用于交换"的"劳动产品"才是"商品"。

②区分异同词——准确理解内涵。政治课本中，有诸如"价值"与"价格"、"公民"与"人民"、"意识"与"认识"等异同词。课本在知识的叙述上，常使用这些词语把知识点准确地加以界定。在学习中，同学们应该区分课本上的这些异同词的区别与联系，准确地把握知识点。

③抓住近义词——培养转换能力。信息转换能力是一种非常重要的思维能力。在课本中，有的政治术语与日常生活中的话语意思相近，在学习时要注意词语的转换。例如，抓重点、抓中心、抓关键可以转换为抓主要矛盾，"艰难""曲折"可以转换为事物发展的道路是曲折的，"特色""特殊"可以转换为矛盾具有特殊性等。

④注意对应词——把握知识联系。在政治课本中，有许多知识是对立统一的，同学们要把握它们之间的内在联系。例如，"生产"对应"消费"、"权利"对应"义务"、"物质"对应"意识"……同学们应充分注意课本中对应词的异同，在课本上做好批注。这样，可以做到举一反三、触类旁通、灵活运用。

⑤紧扣关键词——抓住知识重点。所谓“关键词”，就是指课文中寓意深刻，能突出地揭示概念、原理的本质属性或特征的一些词语。例如，经济学中的商品、货币、价格等；政治学中的公民、国家、政府等；哲学中的物质、意识、规律、实践、矛盾等。课本中的关键词在课文中往往起到统领的作用，在学习中，同学们可从关键词引申出主干知识，再从主干知识引申出知识体系。

⑥寻找反义词——注重辩证思维。任何事物都有其对立面。例如，“唯物主义”和“唯心主义”、“真理”和“谬误”、“辩证法”和“形而上学”等。学会从对立面去观察事物，能使我们对事物的认识更加准确。同学们在阅读课本时，可以从反义词的角度，准确地理解课本中的知识点、观点和原理，进而培养辩证思维能力。

⑦归类易混词——加强辨别归纳。在学习中，同学们要对容易混淆的概念进行辨别、归纳。例如，“劳动生产率”与“劳动生产力”、“规律”与“规则”等。这样，不但能加深对这些概念的理解，而且能培养辨别思维能力。

121. 撰写政治小论文“四步法”

文首——提出论题；
文干——分析论题；
文腹——解决论题；
文尾——拓展论题。

[诠释]

小论文是同学们在学习完课文内容的基础上自己写体会、写认识、写评论的一种学习方法。政治小论文和语文议论文的写作方法不同，它主要围绕政治课的社会实践内容，以学生的思想教育提高为评判标准。写政治小论文的步骤一般为：

①提出论题。这是政治小论文的“开篇”，一般为一段，100字左右。针对特定的材料或命题，开门见山，简明扼要地点明中心论点。例如：针对我国北方的雾霾天气，可提出“我国北方面临严峻的环境形势”的中心论题；针对吸毒患者逐年增多问题，可提出“珍爱生命，远离毒品”的中心论题。论题要求新颖而

不落俗套，简洁而有概括力。

②分析论题。这是政治小论文的“文干”，一般为两段，300字左右。围绕中心论题进行有理有据、深入浅出的分析，同学们最好发表自己的独到见解。例如：根据“我国北方面临严峻的环境形势”的中心论题，分析环境问题的表现及危害、造成环境问题的因素等；根据“珍爱生命，远离毒品”的中心论题，分析我国吸毒患者蔓延现象、吸毒的社会危害以及禁毒的紧迫性等。要求论据充分，分析深刻，逻辑严密，层次清楚。

③解决论题。这是政治小论文的“文腹”，一般为一段，200字左右。针对中心论题提出切实可行的解决办法。例如：针对“我国北方面临严峻的环境形势”的中心论题，可提出国家制定法规、企业守法生产、个人绿色消费，贯彻落实科学发展观的解决途径；针对“珍爱生命，远离毒品”的中心论题，可提出崇尚科学、禁毒拒毒、培养社会主义核心价值观的解决途径。这部分要求同学们解放思想，求真务实，富有创新精神。

④拓展论题。这是政治小论文的“文尾”，一般为一段，100字左右。联系青少年实际，是政治小论文不可或缺的一部分。在文章的最后一段，要点明中学生要认识到自己肩负的重任，刻苦学习，勤奋努力，竭力奉献，或鞭挞假、恶、丑，或歌颂真、善、美，用对未来美好生活的向往和憧憬，号召民众为之而拼搏奋斗。政治小论文的结尾要紧扣论题，联系实际，深化主题，充满感召力。

122. 学历史“三品”

博采厚积——品味畅游历史长河的快乐；
体验亲历——品读探究历史本真的情意；
感悟践行——品尝汲取历史智慧的硕果。

[诠释]

①博采厚积，品味畅游历史长河的快乐。历史学习的过程是一个由感知到积累并理解历史的过程。假设人类历史文明发展的进程是一条长河，那么中华文明就是历史长河的重要“支流”，她流淌着中华民族的崛起兴衰、悲欢离合、失落荣辱、艰辛发展、智慧梦想……而所有这些对同学们未来成长有用的历史知识都

可以通过历史课程、历史课本、名胜古迹、文物遗存、媒体网络及历史典籍等来广泛涉猎、博采厚积，可为我们进一步感知历史的本真做好积淀。

②体验亲历，品读探究历史本真的情意。对历史的学习，同学们拥有广博的知识还不够，更要灵活采用一些有效的学习途径和方法，以此来帮助我们更好地品读探究历史本真的情意。如学习“西安事变”一目，为更好地理解事变相关史实，同学们可以按照历史时间、地点、人物、事件、史论等历史要素来编演情景剧，同学们想象穿过“时空隧道”进入历史情境，让自己成为当时的张学良、杨虎城、蒋介石、周恩来等历史人物，像演员进入角色一样去体验探究他们当时的心境，可以帮助我们感悟历史的本真，加深我们的历史记忆。

③感悟践行，品尝汲取历史智慧的硕果。历史是一种记忆，皇城古道、爱恨情仇；历史是一种知识，四大发明、唐诗宋词；历史更是一种智慧，存续文化、鉴往知来。历史上数不清有多少英雄豪杰、仁人志士，不仅对我国历史的发展影响深远，而且也实现了其人生的价值。我们景仰他们，珍惜他们留给我们的精神遗产。细细品尝从中汲取到的历史养分，并用强烈的历史使命感和责任感来践行他们的品行，必会为同学们未来健康、美好的人生涂抹上绚丽的色彩。

123. 学好历史的技巧

提纲挈领，关键入手；
织网串珠，梳理架构；
易思善疑，观察联系；
神入历史，理解巧记。

[诠释]

①提纲挈领，关键入手。同学们使用的历史课本是我们学好历史的基本素材和必备工具。课本前面的“目录”就是全书的纲和领，我们通过仔细研读，认真领会其内涵，就能够从总体上把握人类文明发展的基本线索以及历史内容的学习要点。熟悉目录，有助于帮助我们了解历史发展的总体脉络和历史的学习要点。

历史不仅是指过去的事实本身，更是指人们对过去事实的有意识、有选择的记录。时间、地域、人物、事件等构成了历史的关键要素。我们之所以探究它，其真正意义在于从历史感悟中得出历史结论，并汲取历史智慧，以便更好地指导我们的现实与未来生活。所以，从时间、地域、人物、事件和史论等关键点入手去了解历史史实，就能够帮助我们夯实历史基础知识。

②织网串珠，梳理架构。历史就像一张纵横交错的网，它以对当时及后来社会产生重大影响的历史事件为丝，以对社会起关键作用的历史人物为珠，并通过历史事件与历史人物之间千丝万缕的纵横联系，进而形成历史发展的总体脉络。如果同学们能对其进行合理的归纳梳理，将大量零散的历史信息经过选择织网串珠有效运用，就能形成条理清晰的知识网络，这有助于建构起相对完整的历史知识总体架构，进而提升我们的学习效率。

③易思善疑，观察联系。勤于思考，勇于质疑，善于质疑是一种良好的思维品质。而疑是思维的开端，更是创造的基础。因此，同学们在历史学习中，只要真正地有所思、有所疑，就会不断生成新问题，不断产生学习的动力。在学习中必须处理好思和疑的关系，疑而不思，势必疑而不解；只有三思而后疑，才能豁然开朗。

历史课本中历史信息的承载方式主要有文字、图表等。文字通过阅读可以让我们“思接千载”，而图表这种形象化的文字却能让我们“视通万里”。图表是文字的补充和拓展，它和文字一样都是历史课本的有机组成部分，也是历史学科的特色之一。图表虽是无言之文，但我们观察其细微之处和整体面貌，就可以获得有价值的连文字都无法表述的知识信息。

④神入历史，理解巧记。所谓“神入”，是指人们对客观事物的感知已深入其中，达到物我交融的境地。把这种方法借用到我们的历史学习之中，可以使同学们置身于特定的历史情境中，去体验历史人物当时的心境，进而更深入地去感悟、理解和认知历史。同学们在穿过“时空隧道”神入历史情境的体验中，可以更好地获得学习情趣，提升人文素养。

历史本身就是一种人类的记忆。所以，学习历史的过程也应该是一个由感知到积累并理解历史的过程。记忆历史是同学们学好历史的前提条件，学会和掌握一些历史记忆的方法和技巧是很有必要的，它可以让同学们在灵活巧记中轻松实现学习目标，取得事半功倍的学习效果，并能体会到学习的快乐。

124. 学习历史“三环节”

自学环节——自读、思考、找疑、补习、练习；
听课环节——专注、明确、勤问、读图、笔记；
复习环节——记忆、分析、整理、填图、及时。

[诠释]

①自学环节。一是自读，反复阅读新课本，了解课文大意，掌握脉络，既读书又读图；二是思考，积极独立思考，明确重点、难点；三是找疑，将课文中尚未弄懂的问题记下来或在课本上做出标记；四是补习，补习旧知识，实现新旧知识的融合；五是练习，寻找自学思考题答案。

②听课环节。一要全神贯注，努力排除一切干扰，做到眼、耳、手、脑多种感官并用，跟着老师的思路走；二要目的明确，带着新课所要解决的问题和自学时发现的问题听课；三要多思勤问，要确立多个思维点，从不同角度、不同侧面去分析理解所学问题，大胆回答问题，敢于提出自己的见解；四要认真读图表，同学们应根据要求认真地读，并运用图表分析历史人物、历史现象、历史观点，以获取更多的历史知识；五要做好课堂笔记，要听、记统一，有详有略，可用文字记，也可利用图表进行记录。

③复习环节。一要尝试记忆，合上课本，回忆所学内容，如有模糊问题，翻开课本后再记忆；二要将知识系统化，要抓住中心问题，将新旧知识进行分析比较，使之纲目清晰，条理分明；三要整理笔记，通过尝试回忆，再一次阅读课文、图表，对笔记进行补充、纠正、整理；四要填图表、忆图表，先做历史填充图，最后合上图表回忆，如有不太清楚的地方可阅图表后再忆，直到清晰为止；五要及时复习，只有复习才能减少遗忘，才能记得牢固。

125. 学好历史“四步法”

培养兴趣——读历史故事；
勤于观察——观历史材料；
善于交流——谈历史问题；
学会记忆——记历史知识。

[诠释]

①培养兴趣。兴趣是最好的老师，尤其是初学历史时，同学们可以多到图书馆、阅览室或互联网上读一些历史小故事，或看一些有关历史的电视剧，如《秦始皇》《汉武大帝》《雍正王朝》等。当你对历史知识有了一定的了解，学习起来就会得心应手，也能培养你学习历史的兴趣。

②勤于观察。历史课学习的内容，有很多是以具体直观形象化的形式出现，如历史地图、历史图片、历史照片、历史实物或模型、历史遗址、历史建筑等。对这些形象化的学习材料进行观察，可以获得有价值的历史信息，并在一定程度上感受历史的情境和氛围。在对这些形象化材料进行观察时，既要把握其整体的历史面貌，又要关注具体的细节特点。把观察与所学的文字材料联系起来，能帮助同学们更好地学习历史。

③善于交流。人需要交流，尤其多与老师和同学交流对学习历史是很有帮助的。一个人无论怎样细心都会有疏忽的地方，通过与老师探讨问题，与同学交流笔记，往往会有意想不到的收获。这样不仅能了解一些课本上没有的东西，提高自己思维的深度和广度，而且对系统掌握历史知识很有帮助。

④学会记忆。历史本身就是一种人类的记忆，学习历史知识就是在记忆历史，同学们学会和掌握一些历史记忆方法是很有必要的。从记忆的策略上讲，要遵循记忆规则，如及时记忆、在理解的基础上记忆、集中记忆与分散记忆相结合等。从记忆的技巧上讲，要掌握记忆方法，如联想记忆法、形象记忆法、逻辑记忆法、比较记忆法、归类记忆法、提纲记忆法、图表记忆法、谐音记忆法、歌诀记忆法、数字记忆法等。

126. 学习历史“四要”

未雨绸缪——预习要充分；
聚精会神——听课要认真；
学而时习——复习要及时；
及时演练——练习要紧跟。

[诠释]

①未雨绸缪——预习要充分。学习新课前必须预习。预习时，一要认真仔细地阅读新课内容，要读懂词句，联系有关知识，了解课文内容及重难点，画出生字新词或概念。二要边读边记，把疑难问题标注在书上，为上课作好准备。三在预习中如果发现有与新知识相关而又未牢固掌握的旧知识，应先回头重温旧课，并弄懂旧知识。

②聚精会神——听课要认真。一堂历史课所涉及的历史知识比较多，且往往是一次性出现，这就要求同学们听历史课注意“听”“思”“记”三个方面。所谓“听”，即在听课时要集中注意力，及时、准确地吸收老师所讲的内容；所谓“思”，即在听课时要主动进行思考，一方面要对听到的语音、语义等进行辨识，对所传达的信息及时作出反应，另一方面还要对信息加以筛选，以吸收有价值的信息；所谓“记”，即在听讲的过程中要做好听课笔记，以便于课后复习。

③学而时习——复习要及时。复习是重要环节，要达到“在脑子里翻书”的境界。历史知识容易遗忘，今天记得滚瓜烂熟的东西很可能到第二天就忘得一干二净了，所以复习的关键是要反复地看书。复习历史要注意计划性，除了跟上老师的复习进度，还应制订自己的复习计划，并要注意复习的科学合理性。

④及时演练——练习要紧跟。在掌握历史知识的基础上，同学们还要提高自己的应用能力，进行巩固练习。练习题分为两类，一类是考查记忆能力的，你只要把书背会了就行；另一类是侧重于考查思维能力的，故必须注意培养自己的辩证思维能力。学会做作业，也是练习的一个方面。同学们要把握各种题型的特点和规则，严格按照要求解题，以把握答题的准确性和完整性。

127. 有效利用历史课本的“空白”

利用“空白”，标注预习疑点；
使用“空白”，记录启迪灵感；
运用“空白”，添加补充材料；
巧用“空白”，做好网络构建。

[诠释]

历史学习如能利用好课本的“空白”，做好详细的记录，那么，你的课本将成为一本内容丰富、实用性强的“百科全书”，并能为将来的复习、备考带来极大的便利。

①利用“空白”，标注预习疑点。课前预习是学生学好历史的前提。在预习过程中总会遇到这样或那样的问题，而这些问题往往又是学习的重点或难点内容。这就要求同学们在预习过程中善于把这些问题提炼出来，并标注在课本相应内容的空白处，以便在上课时认真倾听老师的讲解。

②使用“空白”，记录启迪灵感。在听课过程中，要很好地利用课本的“空白”做好记录。记录的要点主要有以下几点：老师上课时所讲的重点知识；老师分析问题、解决问题、突破难点的思路和方法；老师在分析历史过程中所强调的现象、结论和有关需要注意的事项。此外，还要记录听课过程中受到的启发、闪现的灵感以及发现的新问题等。记录下这些内容将为课后的复习与研究、归纳与总结带来极大的方便。

③运用“空白”，添加补充材料。在学习过程中难免要阅读适量的教学参考资料，以帮助消化所学内容，增强对知识的理解和掌握。一本好的参考资料总会在课本的重点和难点、知识间的联系、学习方法、典型例题、知识的延伸和拓展等方面作深入细致的剖析，这些内容中总有一些是课本没有涉及的。因而，在研读这些内容时，应及时把有价值的东西在课本相应的空白位置处予以记录，以便复习时总结与提高。

④巧用“空白”，做好网络构建。构建知识网络是做好学习总结的有效手段，学习时要注意运用好“空白”，做好总结工作。在进行课后复习时，要学会用简明的语言对本章节所学的内容作简要总结，并把总结语言记录在空白处，以便记

忆。在单元复习时，要对前后知识进行归纳整理，找出异同，提炼规律，形成知识网络，记录在单元“空白”处，便于知识的提取与运用。在学习一段时间后，同学们要总结经验教训，提出注意事项和今后努力的方向，这些内容可记录在课本“空白”处显要的位置，便于今后学习参照。

128.“六个学会”学地理

学好地理要达到“六个学会”：学会运用课本，学会使用地图，学会地理想象，学会地理观察，学会动脑思考，学会动手写画。

[诠释]

①学会运用课本。课本既是掌握知识、技能的工具，又是培养自学能力的依据。目录提示着全书的要领和前后的联系，要经常翻阅，以便对全书内容心中有数。精读课文，常看深思，抓住要点，记下问题，要特别重视插图和表格，领会图表所说明的问题。

②学会使用地图。地图是地理信息的载体，它能将我们不能亲眼见到的广大地理环境变得一目了然。地图又是学习地理的工具，通过分析地图，可以认识地理特征、成因，找到利用、改造的途径。要学会读、用各种地图，记住最基本的地图。对于世界地理而言，首先要记住七大洲和四大洋的分布位置。

③学会地理想象。根据我们从地图中得到的信息，充分发挥想象，以求获得地理环境的全面景观。

④学会地理观察。观察就是边思考边细看。看一看当地的地理环境的面貌，以及人们在当地是怎样活动的。通过报刊、电视节目、图片获得地理信息。

⑤学会动脑思考。要经常向自己提出问题，地理问题的一般思路：学什么，如黄河及其水文特征；在哪里，如黄河流经的省区和流域范围；为什么，如黄河的水文特征是怎样形成的；有何利弊，如怎样评价黄河对我国北部地区提供的有利条件和不利条件；怎样协调好人地关系，如怎样使人类与黄河的关系协调起来，应当怎样合理利用它、改造它等。

⑥学会动手写画。经常用手写，动笔画，动手制作学具，这不仅能使你心更灵，还能使你手更巧。

129. 学好地理小窍门

学习高中地理，首先要记住：初中地理能助你一臂之力，死记硬背学地理行不通，用学地理的方法学地理；其次要懂得：学习兴趣是最好的老师，题海是苦海但不是死海；再次要做到：养成不懂就问的学习好习惯，理论联系当时当地实际。

[诠释]

地理兼跨自然与人文两大领域，兼有文理特点，同学们学习地理也要兼顾其文理科的学习方法。

①初中地理能助你一臂之力。因为初中地理的基础知识、基本技能，尤其是初中地理的学习方法，在学高中地理时同样用得上，它会助你一臂之力，使你学起来轻松自如。

②死记硬背学地理行不通。如果说在初中死记硬背还能学好地理的话，那么在高中这是万万行不通的。一是高中课程从内容上比初中多了许多，全部背下来不容易。二是现在无论哪一科在高考命题中都以能力立意为主，死记硬背的知识不会应用是没有用的。对记忆来讲，一要理解，二要巧记，三要积累。

③用学地理的方法学地理。地理不同于政治、历史等其他学科，它有自己的学习方法。同学们在学习中要寻找适合地理学科的学习方法：一要把地理事物与其所处地理位置联系起来；二要借助地理图表学习，努力提高识读地理图表的能力。

④学习兴趣是最好的老师。俗话说，兴趣是最好的老师，只有你喜欢它，才能学好它。兴趣的培养有时是因为知识有用非学好不可，有时是靠一次次努力而取得进步，有时是靠“亲其师，信其道”。

⑤题海是苦海但不是死海。灵活运用所学地理知识的最好方法是做题，做适量的题目甚至大量的题目是非常有必要的。当然做题要做有针对性的专题性题目，一要归纳，二要总结，三要反思。

⑥不懂就问的学习习惯好。不懂就问是一种正确的学习态度，也是一种好的学习习惯。同学们千万不要因为问了仍不懂而气馁，要坚持、坚持再坚持。

⑦理论联系当时当地实际。同学们要理论联系实际，学以致用。运用所学的

地理知识，解释当时当地发生的或我们身边发生的地理现象，要勤于思考，勇于探究，凡事要多问几个为什么。

130. 地理学习“十抓”

抓概念，重消化；抓原理，重理解；
抓综合，重联系；抓共性，重个性；
抓归纳，求规律；抓一般，推特殊；
抓对比，找异同；抓运算，促智能；
抓读图，明空间；抓新知，拓视野。

[诠释]

①抓概念，重消化。学习地理时，要十分重视概念，并对所有的概念一一理解、消化、吸收，不留夹生饭。只有概念清楚了，判断、推理问题才能正确无误。

②抓原理，重理解。从基础知识抓起，扎扎实实，一步一个脚印地过“地理原理”关。

③抓综合，重联系。综合性即地理环境的整体性、统一性，就是地理环境各要素之间的内在联系及其相互影响、相互制约的关系。在多角度、多层次、全方位、综合性分析问题上，要做如下努力：一是有计划地做典型训练题，学习从自然因素到社会因素全面考虑问题的方法。二是地理环境是一个整体，各要素之间有密切的内在联系，如一个环节出问题，就会引起连锁反应，破坏生态环境。这从另一个角度证实了地理环境的综合性特点。掌握了全面分析问题的方法后，就可避免观察事物时的单一性、片面性、简单化，从而认识地理现象的复杂性、整体性。

④抓共性，重个性。地理事物既有共性，更具个性。每一区域、每一地方都有自己的鲜明特色，即便是同一区域内部也不会一模一样。故学习地理既要抓共性，又要重个性。

⑤抓归纳，求规律。这是归纳推理的思维形式，从特殊性的地理事物中，归纳出普遍性的规律。

⑥抓一般，推特殊。这是一种演绎推理的思维形式。摸透了地理事物变化、发展的一般规律后，就可推知个别的、特殊性地理事物的特征。

⑦抓对比，找异同。用比较法学习地理是一种常见而且有效的方法。比较的范围可大可小，比较的内容可多可少。既可综合比较，也可单项比较；既可从自然条件方面比较，也可从社会经济条件方面比较；既可进行纵向比较，又可进行横向比较；既可对同类事项比较，又可对相关而不同的事项比较。通过比较找出它们的异同点。

⑧抓运算，促智能。为了培养、提高同学们的地理运算能力，要做以下分类练习：利用比例尺与图距求实距；计算地方时与区时；计算绝对高度、相对高度；计算垂直变化气温；计算太阳高度角；计算昼夜长短；计算人口密度与人口自然增长率；计算各种百分比；等等。

⑨抓读图，明空间。地图具有形象、直观的作用，可以培养观察力和想象力，可以进一步明了地理事物的空间分布、空间联系、空间组合。为了培养查阅、填画地图的习惯，同学们要力求做到：课本上的图一一理解，学会分析、应用；充分利用填图册，按要求和规格填写地理事物；无论是平面图、立体图还是示意图、景观图，要求学生会勾画轮廓，以加深印象和记忆。

⑩抓新知，拓视野。每年高考都要涉及一些课本以外的新知识。所以，对报刊上的新闻不可不留神。诸如：国内外发生的重大事件；国内外重大经济建设项目的开工和竣工；国内外严重的自然灾害；国内外新设立的自然保护区和旅游胜地；地理学新理论、新探索；人类面临的资源、人口、环境问题；等等。这些信息能极大地拓宽同学们的视野，对灵活掌握地理知识很有帮助。

131. 地理学习思维方法十则

思维法，记心上：既聚合，又逆向；
或类比，或演绎；作假设，重形象；
抓归纳，学选言；多发散，会联想。

[诠释]

①聚合思维法。聚合思维法是指从不同来源、不同方向探索一个正确答案的思维方法。如我国气象学家竺可桢教授通过长期对气温、气压、风向和湿度等气候要素的观察，及对冰的初冻、融化和物候现象的仔细观察等，发现了我国近

五千年以来的气候变化规律。

②逆向思维法。这是由结论推出原因或条件的思维方法。如近年在青藏高原发现了岩溶地形，这一反常现象怎样解释？按青藏高原现在的自然条件，是不能形成岩溶地貌的，但如果反过来由果索因，从青藏高原的发展历史来探寻答案，问题就解决了。

③类比思维法。类比思维法是通过联想、分析、比较、综合、归纳，把已经熟知的地理知识、地理规律、思维经验与所研究的地理现象、过程相联系，找出它们的相似性，并用类似方法分析、处理问题的思维方法。如学习等深线、等降水量线、等压线时，同学们与等高线相对比，就可解决这些概念。

④演绎思维法。这是由一般地理原理推断个别地理事物的分布和发展的思维方法。如地中海式气候的特征是夏季炎热干燥，冬季温和多雨。非洲大陆西南角属于地中海式气候，所以这里必是夏季炎热干燥，冬季温和多雨。

⑤假设思维法。这种方法也就是我们常说的科学假说。由于受科学水平和技术条件的限制，人们在实践过程中，对某些现象不能确切了解其产生原因和发展规律，往往借助猜测，作出假定说明。如魏格纳用这种方法提出了“大陆漂移说”。科学家们对地中海未来的情形提出了“消亡说”“干涸说”“扩展说”三种假设。

⑥形象思维法。这种方法就是人们利用自然形象进行思维的方法。通过对地图的观察，同学们会从空间关系、地理形象、图例符号三方面产生形象思维活动，有利于形成对地理事物的空间想象，加深对地理知识的理解和记忆。

⑦归纳思维法。归纳思维法是由一系列具体地理事实材料概括出一般地理原理，或者是由一些特殊地理事物推导出一般地理原理的思维方法。如我国北方的黄河、海河、辽河等河流，除了它们各自的特性，都具有含沙量大、水位变化大、冬季结冰等共同特点。把这些特点加以归纳，就可得出中国北方河流水文的一般特征。

⑧选言思维法。选言思维法是指为了找到正确答案，根据现有材料作出一系列的假定，然后通过验证，逐一排除那些站不住脚的假定，余下的一种就是正确答案。如从芬兰、瑞士、冰岛、荷兰四国中选出世界地势最低的国家，采用选言思维法，可确定答案为荷兰。

⑨发散思维法。发散思维又叫扩散思维，是指当遇到一个问题，以解决这一问题为目标，进行多方向、多角度、多层次的智力活动，寻求多种答案的思维。

如植树造林有什么作用？用发散思维就可回答：为人们提供木材、净化空气、吸烟滞尘、涵养水源、保持水土、美化环境等。

⑩联想思维法。这是从已知的地理概念出发，将有关其他地理概念彼此联系起来的思维过程。联想有“纵比”和“横比”两种发散形式。纵比是对地理事物的各个发展阶段进行比较，如地壳的演化史，可比较古生代、中生代、新生代生物的演化阶段的不同。横比是对此地理事物与彼地理事物进行比较，如马达加斯加岛的自然带与我国台湾自然带的比较。

六、课外阅读篇

阅读，可以用来消遣，也可以用来获得知识。著名语言学家吕淑湘在谈到课外阅读的必要性时曾经说过："回忆自己的学习过程，得之于老师课堂上讲的占多少，得之于课外阅读的占多少，我想大概是三七开吧。"可见，课外阅读远远超过课内阅读的功效。"得法于课内，得益于课外"就是这个道理。

对于语文学科而言，课外阅读是学习语文的重要组成部分，是同学们重要的阅读实践活动，是形成阅读能力十分重要的方面。著名教育家赞可夫特别强调课外阅读的重要性，认为阅读的重点是课外阅读，这是促进学生全面发展的主要手段之一。语文学习与其他课程的学习不同，要学好语文，仅仅靠课堂中学到的一点知识是远远不够的，大量的学习活动是在课外进行的。

对于其他学科而言，课外阅读也起着不可替代的作用。苏联教育家苏霍姆林斯基曾说过："让学生变聪明的方法，不是补课，不是增加作业量，而是阅读、阅读、再阅读。"苏霍姆林斯基通过观察发现：一个善于思考的学生，在脑力劳动上所花费的时间，大约只有三分之一用于阅读课本，其余三分之二的时间都是用在阅读非必修的书籍上，也就是课外阅读上；而那些除课本以外什么都不读的学生连课本也读不好。因为通过课外阅读，学生的思维被启发了，而思考会变成一种激发智力的刺激；同时课外阅读对课内的有关知识进行了延伸，为课堂学习奠定了一定的智力背景。

课外阅读还能衍生长期效应。一是课外阅读对学生世界观的形成具有重要意义，二是课外阅读是智力发展的有效途径，三是课外阅读可以促进学生养成终身学习的习惯。

132. 培养阅读兴趣

激发阅读乐趣，培养直接阅读兴趣；
明确阅读目的，培养间接阅读兴趣。

[诠释]

课外阅读不仅可以丰富自己的知识面，而且能够陶冶情操。人们常说“兴趣是最好的老师”，把阅读兴趣称作最好的老师毫不为过。根据引起兴趣的原因，阅读兴趣可以分为直接阅读兴趣和间接阅读兴趣。直接阅读兴趣是由读物或阅读活动本身引起的阅读兴趣，间接阅读兴趣是由阅读活动的目的和任务引起的兴趣。

①培养直接阅读兴趣需要发掘阅读的乐趣。对一件事是否有兴趣完全取决于个人，做自己感兴趣的事是一种自发的行为。如果同学们能从阅读中获得乐趣，自然就会对阅读感兴趣。你可以借助对阅读内容的兴趣激发对阅读活动的兴趣。首先要选择自己感兴趣的读物，如报纸、杂志、画报等没有太多文字的阅读材料。随后要为自己营造一个阅读氛围，读书需要安静的环境和平和的心境。体会到阅读的乐趣后，你就会爱上阅读，对博览群书充满期望。阅读本来就是一件快乐的事，当你切身体会到读书的乐趣之后，你就会更加喜欢读书。

②培养间接阅读兴趣需要明确阅读的目的和动机。动机可以促使你为了实现某一目的而付出行动，在阅读之前，明确阅读的目的和动机，你就会对阅读产生兴趣。通过阅读，你不仅可以感受书中的人文精神，汲取书中的思想精华，而且可以完善人格，何乐而不为呢?

133. 养成阅读习惯

要养成终身阅读的习惯，即每天读书的习惯，读书动笔的习惯，阅读思考的习惯，广泛阅读的习惯。

[诠释]

①培养每天读书的习惯。美国中小学一直推行持续默读的阅读教学方式，其目的是激发学生自行阅读的动机，培养其终身阅读的习惯。其大致做法是学生每

天抽出 10 到 15 分钟的时间读自己喜欢的作品，老师不提问，不要求写笔记，不做任何成绩记录，结果卓有成效。同学们要像孙中山先生那样：一天不读书，便不能够生活。有了这种感觉，阅读就生活化了。同学们可以用午休、放学做完功课以后、节假日等点滴时间来读书。每天坚持半小时阅读，选择好阅读材料，构建阅读空间，循序渐进，慢慢养成一天不读书便寝食难安的习惯。

②培养读书动笔的习惯。笔记是记忆的存储器、资料的仓库、思考的激发器、创造的发源地。阅读时边思考边动笔，可以抓住重点，深入理解。做摘录、记笔记，可以及时记下心得体会，对积累资料和活跃思想十分有利。

③培养阅读思考的习惯。边读边思，能够使自己在阅读中处于主动地位，读得自觉，读得深入，读出心得，读出体会。问题是思维的动力和起点，创新源于质疑，哪里有问题，哪里就有思维，哪里就有发现。在阅读中，同学们要敢于并善于提出自己的看法和疑问，自己提出问题，自己分析问题，自己解决问题。

④培养广泛阅读的习惯。同学们要根据自己的年龄特点，选择好课外读物，合理安排阅读时间，反对那种追求多多益善、只求数量不求质量、流于形式的做法。课外阅读既要根据语文学习目标配合课堂教学，又要考虑其他学科的需要及学生兴趣的广泛性，以满足学生全面发展的需要，使课堂成为同学们阅读的基本阵地，使课外阅读成为阅读的主战场。

134. 阅读策略

> 定向阅读：读感兴趣的书；
> 选择阅读：读第一流的书；
> 积时阅读：巧妙积时读书。

[诠释]

中小学时期是人生中求知的旺盛时期。在这段弥足珍贵的阅读时间里，怎样才能取得好的阅读效果？阅读策略的选择显得十分重要。

策略之一：定向阅读。“人生有涯知无涯”，如果把宝贵的阅读时间用于漫无目的的阅读，无疑会收效甚微。果戈理的名著《死魂灵》中就有个名叫彼什伽秋的人物，他嗜书如命，什么书都读。结果，由于他毫无选择、毫无目的地阅读，最终还是一事无成。对于中小学学生而言，在广泛涉猎的基础之上，选择一两个“中心兴趣”进行大量的、较为深入的阅读，一定能够收到事半功倍的效果。

策略之二：选择阅读。数学家王梓坤说过，读书要选择。世上有各种各样的书，有的不值一看，有的只看20分钟，有的可看5年，有的可保存一辈子，有的将永远不朽。即使是不朽的名著，由于我们的精力与时间有限，也必须加以选择。

选择阅读策略有两层含义：第一层含义是“读第一流的书”。在浩如烟海的书籍中，只要经过认真地筛选和比较，你就不难发现，属于某一学科的第一流的代表著作有哪些，只要熟读这些著作，你就可以领略学科的全貌，了解学科的前沿和发展。第二层含义是“读第一流学者写的书”。所谓第一流学者，是指在该学科领域里最知名、最有权威的专家学者。他们站在该学科或研究领域的最前沿，洞察该领域发展源流和发展趋势。读他们写的书，能够全面、准确地了解该学科领域的发展。要了解“第一流的书”和“第一流学者写的书”，其方法是通过推荐书目了解，或是请老师、家长推荐介绍。

策略之三：积时阅读。中小学学生的学习任务是比较繁重的，除了进行课前预习、课堂学习、课后复习和完成作业，要想抽出时间读自己有兴趣的课外读物，扩大视野，拓宽知识面，这就要巧妙地安排阅读时间。一是零星时间阅读法。要善于利用课余之后点滴零星时间阅读，积少成多。二是整段时间阅读法。寒暑假、节假日对于爱读书的中小学学生来说，是十分珍贵的。同学们在适当娱乐、温习功课之后，可根据自己的兴趣，广泛涉猎，大量阅读，多读书，读好书。

135. 学会阅读

学会“阅读”，
学会“思考”，
学会“勤记”，
学会“运用”。

[诠释]

①学会“阅读”。在中小学学生中爱读书的人越来越多，但真正会阅读的人并不多。杜甫“读书破万卷，下笔如有神”的境界是许多学生不懈追求和无比向

往的，但不少人只会翻书而不能“破”书。因为课外阅读有其自身的特点——重在求量，目标多为一般性地了解，就像蜜蜂酿蜜一样，行万里路，采万朵花。所以，同学们要学会阅读，要运用默读、略读和速读的方法。这样才能徜徉于浩如烟海的书籍中，撷取朵朵浪花，才能跋涉在无限风光的书山上，探寻条条路径。当然，有时候也需诵读、精读和慢读，也需聚精会神、一丝不苟地读几遍，甚至几十遍，才能获得“书读百遍，其义自见”的效果。

②学会“思考”。思考是高效学习的核心，思考的过程就是对所学知识吸收、消化、升华的过程。因此，同学们要培养自己思考的阅读习惯。一要有选择有目的地去阅读，二要去粗取精、去伪存真地鉴别，三要全面、辩证、历史地筛选。这样不致于“学而不思则罔”。

③学会“勤记”。一方面是勤记录，养成“不动笔墨不读书”的好习惯。阅读笔记的内容和形式可以多样化，同学们可以对所读的篇章圈点批注、钩玄提要，可以摘抄名言佳句，可以写出读后感受、书评等。以此来积累自己素材的宝库，构筑自己知识的殿堂。另一方面要勤识记，对所摘录的知识经常翻阅、理解，以期积累与运用。

④学会“运用”。课外阅读使同学们开阔了视野，巩固了知识，陶冶了思想，更重要的是为大家提供了写作的范例。一则文质兼美的阅读材料是学习写作等运用语言练习的范例，对写作和其他语言运用活动具有很好的指导和启发作用。因此，同学们要善于把阅读中所汲取的思想、文化、知识和写作方法，自觉地运用到写作和说话中去。

136. 五步读书法

第一步：确定阅读书籍；
第二步：明确重点内容；
第三步：反复把握重点；
第四步：归纳概括整理；
第五步：复习内储知识。

[诠释]

第一步：确定阅读书籍。当今社会，书籍可谓浩如烟海，即使是某一学科的书籍，一生也难以读完。我们面对知海书林，最重要的是选择，宜背诵的则背诵，宜精读的则精读，宜粗读的则粗读，不宜读的则不读。所谓选择，首先要看一下所读之书的目录或者内容提要，然后根据需要确定哪些内容该读，哪些内容不该读。如果全书没有该读的内容，那么这本书也就不要读了。如果是课本及其参考书，则以老师指导的为主；如果是课外读物，则以行家推荐的名著名篇为主。别林斯基说："阅读一本不适合自己阅读的书，比不阅读还要坏。我们必须学会这样一种本领，选择最有价值、最适合自己需要的读物。"

第二步：明确重点内容。对于所读的重点内容及应该内储的知识，可用笔在底部打上波浪线，或者作出其他标记，还可以书写体会，加眉批。下一步复习时就看这些内容，其他内容可以不看了。对于重点内容中的重点句子以及重点句中的重点词语都要作出标记，而把那些多余的语言和词语过滤掉。对于你所确认的重点内容，可以边读边记笔记；然后，回过头来去整理笔记，使之网络化或条理化；最后，该内储的则抓紧记忆，该外储的则及时归类予以外储。

第三步：反复把握重点。要反复理解、领会、记忆应该内储的内容。刚开始阅读时，有一两处不明白、记不住也不要紧，继续往下看，当前后内容贯通以后，自然就大彻大悟了。对于数理化等理科知识，要在掌握了基本概念、基本理论、基本方法的基础上多做练习题，以加深理解、记忆和提高应变能力。

第四步：归纳概括整理。每一章乃至全书读完以后，对应该掌握的内容进行归纳、概括。整理出来的内容可写在几张纸上，或者抄录在文摘卡上，或者加注眉批，实现"厚本变薄本儿，薄本变张纸儿"的飞跃。同时在此基础上，针对所有应知应会的内容提出若干问题，由自己一一回答，日后复习时方便、省时。对于应该外储的散见于书中的知识，抄录卡片，分类存档。

第五步：复习内储知识。内储知识每隔一段时间要复习一次。复习是为了掸掉覆在记忆之上的灰尘，应该适时进行，否则灰尘太多太厚，清除就费时了。对于文科知识，复习时可以回答第四步所提出的问题为主；对于理科知识，可以解应用题为主。

137. 读书贵在“三勤”

读书贵在“三勤”：一要勤于“觅”书，二要勤于“翻”书，三要勤于“记”书。

[诠释]

①勤于“觅”书。书与人的关系，好似“千里马”与伯乐的关系。书本不难找，好书才难觅。什么算好？好的就是想一睹全貌的，封面取悦于观者，内容取决于读者，书要能真“解渴”才算好书。在林立的书目面前，人们既喜于纷繁的种类，又苦于择其一的烦恼，毕竟每年出版上架的书籍种类过万，就算以“日读数页、周阅一本”的进度来累计，个人的阅读量也不过沧海一粟。当我们“偶遇”那些经过时间检验、学界筛选、众人皆准的书，就应该觅来细读。觅书的初衷不在“求购”而在“求知”。有时候，我们同好书结缘，兴许会因一个词、一段话，觉得好就不满足于走马观花，继而盼着一睹全貌。这种渴盼，是对书的，更是对知识的，这也激励着人们以好书为媒，在学海中奋发求索。

②勤于“翻”书。书质再好，久放仍坏，倘若书入手就搁置一边，便无法拥有知识。唯有沉心静气，才能把书读下来、读进去，完成由入手到入眼的转变。同学们要发挥“挤”字功夫，在等车、饭后等休闲时间，拿一本好书翻它几页，虽然内容上只是寥寥，“积页成章”后也相当可观。“翻”书是动作，更是习惯，这种与书为伴的调剂会让“三点一线”的生活里多一些学海泛舟的清雅，生发出“捧卷一本眼中过，澜心已度万重山”的妙境。

③勤于“记”书。读书到了一定阶段，就不能仅停在眼观手动的层面了，还需要些提笔就记的冲劲。不论书中所述的是大事还是小情，只要入了眼，就不妨以纸笔为媒，在横竖撇捺的重复间，把文辞佳句、哲思锦言等知识要点摘记在本上，印到脑中。可见，动笔是强化记忆的必经之路，也是深化思考的捷径。

138. 读书“四到”

心到——要专心致志，用心理解；
口到——要朗读默读，反复诵读；
眼到——要看清看准，全神贯注；
手到——要边读边记，画线打钩。

[诠释]

读书是一项复杂的心理活动。同学们在读书过程中，经由耳听、目视、手触、心感和体觉，选择、吸收书中各种资料，加以整理、归类、贮存，以便使用时提取。在这样一个调动全身感觉器官的过程中，要使注意力保持集中，排除外界刺激，就要做到心到、口到、眼到和手到。

①心到。读书时最重要的就是心到，而心到就是要专心、用心，尤其在某段落念完之后，一定要闭上眼睛，用心去思考先前到底读了些什么，想不起来的再翻书查阅。念书时最怕心情浮躁不安，如果遇到这种情形，请马上照着以下的方法做：站起身来，用力深呼吸，吸—吐—吸—吐—吸—吐，三次深呼吸以后，将头转三圈——以颈部为轴，然后全身放松跳跃五至十下，再深呼吸三次，之后再坐下看书。

②口到。坐在书桌前看书的时候，有时不妨开口大声地将文章内容念出来，一方面借此提提精神，另一方面则一字一句地帮助自己将注意力集中在此，从而进入状态。“口到”最常用的形式是朗读和默读。朗读多半为的是让精神和注意力集中，或者是为了欣赏文句的优美流畅。读英语或其他外语时用朗读形式最合适，因为时常开口说、时常朗读，久而久之便可揣摩出外语的语气、腔调，你可以想象自己是在表演朗读，或者想象自己是在舞台上演话剧、朗诵台词。

③眼到。在阅读时，眼睛对书中的字要看个分明，不可草率跳过，如果读过之后仍维持在“有看没有到”的状态，代表你“眼到”的功夫不够扎实。平常人们总说看到、想到，指的就是看在眼里、记在心里，这样的阅读才有用。

④手到。“手到”要求同学们一边读一边画线或做笔记。经过手到的整理工作才有可能融会贯通。大致说来，“手到”可分为三个方向：一是画线打钩。准备有颜色的笔，根据难易程度用不同颜色的笔标出有问题的、有困难的或重要的

段落。二是查工具书。工具书包括字典、参考书、地图集等，当阅读途中遇到困难时，马上动手查阅，将疑问当场解决，切勿拖延。三是摘要笔记。摘录重要文字，经过一番抄写的过程容易强化印象。

139. 阅读的四个要求

阅读有目标，
阅读需用心，
阅读要得法，
阅读重积累。

[诠释]

同学们要适当控制“休闲性阅读”，广读博览，潜心“研读”。

①阅读有目标。中小学学生阅读除吸纳大量信息，还要学习阅读材料中典范的语言模式，积累各种各样的语言素材，从中获取表达的经验。如果同学们带着任务去读书，每次阅读也就有更多的收获。

②阅读需用心。阅读经典名著，同学们要用心去理解，去领悟，仔细咀嚼品味作品的语言文字、思想内涵。长久坚持下去，才能真正提高自己阅读的质量。

③阅读要得法。“得法于课内，得益于课外。”同学们要将语文课内学得的读书方法运用于阅读实践，如怎样阅读序言和目录，怎样边读边想，怎样做批注，怎样利用工具书，怎样查找资料，怎样做读书笔记等。阅读方法主要有精读、略读、跳读、浏览等。阅读的书籍不同，阅读的目的不同，阅读的方法也不同。因此，同学们应根据不同的阅读目的、性质，选择合适的阅读方法，灵活运用。

④阅读重积累。做读书笔记是一种重要的积累手段，同学们要养成“不动笔墨不读书”的习惯，结合《经典读本》中的导语和“泡泡语”，做好读书笔记。掌握了良好的阅读方法，你才会从书籍中汲取更多的营养。

140. 读书要抓“五点”

确定重点——反复诵观；
抓住要点——提纲挈领；
研读难点——细加琢磨；
思考疑点——大胆置疑；
了解特点——比较分析。

[诠释]

①确定重点。就是找出书中特别精彩、特别突出、特别有分量的部分，把它作为重头戏来看。对重点反复诵观，就会产生奇迹。

②抓住要点。就是抓住能充分体现全书要旨的内容。而要抓要点，就必须抓标题、抓题目、抓首句、抓结句。这是因为章节的标题、文章的题目，往往就是书、文的主旨所在；首句大多是提纲挈领、表达要点的；结句又常常起总结全文、表明中心的作用。

③研读难点。难点的产生，一般有两种情况，一是读物本身较为深奥，二是阅读者因水平限制而看不透彻。可采用“倒回去看、接下去读、读起来想”的办法，细加琢磨，全力去攻破它，以期真正领会作者鲜明深刻的立意，以及“放得开，收得拢”的技巧。

④思考疑点。这里所说的疑点，指的是书中写得不合理的部分，或似是而非的内容。一般的书常有失误之处，即便是名家名作，也难免白璧微瑕，对此同学们尽可大胆质疑，另出新见。

⑤了解特点。与同类作品相比，找出所读的书和文章在某一方面的独到之处，就是了解其特点。世界上没有两片完全相同的树叶，图书和文章更是如此。好的作品总是独具一格，别有神韵，所以阅读时就一定要在对作品总体准确把握的基础上，通过与其他作品的比较分析，揭示其与众不同的特点，以进一步加深对它的理解。

141. 提高阅读速度“三要”

快速阅读要默读，不要朗读；要逐句逐行地读，不要逐字逐词地读；要注意力集中，看得快、想得快，不要分散注意力，不要只看不想。

[诠释]

①要默读，不要朗读。默读是不出声地阅读，只用视觉扫视文字来理解内容，省去了发声器官的活动，不用考虑停顿、重音、声调、节奏等。默读是加快阅读速度的基础。

②要逐句逐行地读，不要逐字逐词地读。由于我们平时养成了逐字逐词读书的习惯，所以视觉感受潜力远远没有挖掘出来。在快速阅读中，我们采用逐句逐行的读书方法，就有利于调动视觉感受的潜能。逐句逐行地读有利于我们抓住句子的主要信息，提高我们对句子的理解能力。对句子理解得快，段落也就理解得快，阅读的速度自然会加快。

③要注意力集中，看得快、想得快，不要分散注意力，不要只看不想。阅读，既是一种视觉活动，更是一种思维活动。它是视觉、理解力、注意力、记忆力的综合活动。所以，要加快阅读的速度，除了注意力集中，还要看得快、想得快，这是提高阅读速度和阅读质量的关键。看这句话或这个句群、这几行字说的是谁或什么意思，它怎么样、是什么或干什么等，进行分析、综合。抓住了主要的句意、段意，理解得就快了，阅读的速度自然也就提高了。

142. 记好读书笔记

摘录式——摘录原始材料；
提要式——归纳内容要点；
心得式——记下札记体会；
索引式——写下题目书名。

[诠释]

积累资料的方法各有差异，但最基本和最常用的，莫过于做笔记。笔记可不拘体例，不限长短，内容庞杂，形式多样。

①摘录式。这是使用最多的一种方式。主要摘录书籍、报刊、杂记、调查报告以及文书档案中与自己学习内容有关的原始材料。

②提要式。即看完一本书或一篇文章，对文中的某一观点、事件、情节或某一章节、定理等，进行分析、归纳，用自己的话把其内容、要点写出来。这不仅可备忘、备查，而且可训练你的综合、概括能力。

③心得式。记下的是对某一问题思考的心得。心得也可以是札记、体会。札记多为旁征博引，辩证考订；体会多为引申阐发、借题发挥。这是写笔记的一种高级形式，要求有更多的个人创见，难度也较大。但它却是创造的半成品或完善的精制短篇，一旦需要就可组织起来，成为有价值的作品。

④索引式。即写下有关的论文题目或书名等。在学习中可能经常会碰到这种情况：看到某些东西感到十分有用，但内容却太多，只要搞好索引，便可顺手拈来。

上述四种记笔记的方法，可视各人的爱好、条件而定。至于书写格式，记在笔记本、活页、卡片、纸条上均可。如果是自己的课本、书刊，那么写在天头、地脚、篇末、段尾都行，也可在书中作些标记。总之，各种方式均有所长，但从使用价值来看，采取做资料卡片的形式更好些。

七、假期补习篇

随着假期的来临，同学们开始计划自己的假期该怎么过。大部分中小学学生都希望假期做自己想做的事，并且要好好地放松一下。而一部分同学则认为，假期里也不能放松，应该好好地补补课。假期生活具有较强的自主性，不受课堂形式和集体纪律的束缚，是培养同学们创造性品质的好时机。假期除了做好身心调节，如合理安排作息时间、锻炼身体，还需要有计划地进行课业复习，并要培养健康有益的兴趣爱好，丰富假期生活。

①合理安排假期作息。合理安排假期作息，保证适度睡眠，避免长时间沉迷于电视或电脑，是同学们在假期需要关注的首要问题。一般来说，同学们应保持 8 小时左右的睡眠，年龄越小所需睡眠时间越长，10 岁以下的儿童睡眠时间应保持在 9—10 小时。但睡眠也不是越多越好，因为人在睡眠时，血液循环减慢，养分和氧气对大脑的供应大为减少。若睡眠时间过长，脑细胞会得不到足够的养分，致使活动能力减弱。

②多参加户外锻炼。同学们平时上学功课忙，锻炼时间较少，单凭简单的体育课很难满足强健身心的需要，假期则是增加锻炼的好时机。虽然假期独自进行户外运动很难坚持，但有不少锻炼方式可以选择，比如羽毛球、乒乓球、篮球……建议每天安排 30—60 分钟的中低强度运动，这不但能够促进体格和神经肌肉的发育，还能提高人体的免疫力，增强心肺功能，使人保持心情愉悦，精神抖擞。同时，同学们假期中除了课业学习，也应多重视体验式学习。如假期做些简单家务，也是对自己的一种锻炼。这样不但能让你学会更多的生活技能，同时也能丰富课余生活。

③慎重选择课外辅导班。假期是两个学期之间的休息和承接期，同学们需要利用假期对上一学期的学习做一个归纳和总结，看看有何不足，哪里需要改进，及时进行查漏补缺。各种课外辅导班、学习班给了同学们更多的选择，面对种类繁多的补习班、拓展班、兴趣班，我们究竟应该如何选择呢？这里最重要的一点就是“适合”。所谓适合，就是根据自己的需要进行选择，比如基础不牢固的同学可以选择补习班，知识掌握较好的同学可以选择拓展班，愿意在课余时间发展兴趣爱好的同学则可以选择兴趣班。

143. 制订计划，调整心态

制订计划持之以恒，
学习时间雷打不动，
学科搭配劳逸结合，
学习状态饱满轻松。

[诠释]

过假期对于同学们来说是件高兴事。一些同学觉得，平时除了上课、写作业，就是考试、讲卷子，老师讲的东西并没有完全消化，假期可以好好消化学过的知识，并预习下一学期的内容。一些同学则觉得，经过一个学期紧张的学习，正好利用假期调整一下生物钟，好好休息一下。其实，这两方面都不能忽视。

①假期开始时，同学们要先静下心来想想自己的学习目标，并制订好学习计划。制订计划一定要根据实际情况，不求数量求质量。落实学习目标和计划要持之以恒，不能半途而废。

②假期不用起那么早，但一定要保证在早上九点前开始学习。这样安排学习时间比较科学：高中生上午八点到十一点半学习语文，下午三点到五点半学习数学，第二天上午八点到十一点半学习综合，下午三点到五点半学习英语，其他时间自己安排。初中生和小学生可根据自己的实际情况，学习时间和学习科目可进行适当调整。同学们在学习时段必须踏踏实实学习，排除一切干扰，不要吃东西，也不要听音乐，手机尽量关机。

③有些同学觉得，假期是一个整块的时间，打算一天复习一个学科。这种方法，会使同学们越学越感到枯燥乏味，效率不高。因为长时间记忆同样的知识会导致记忆力下降，事倍功半。所以，大家要合理安排好各科的学习，注意劳逸结合。

④假期要注意饮食规律，不要暴饮暴食。要遵循日常作息，疲劳战和“开夜车”都是得不偿失的，只有早睡早起才会有更好的精神状态来学习。

144. 避免假期综合征

避免假期综合征的方法：饮食有节，起居有常，玩乐有度，学习有方。

[诠释]

假期综合征，是指在长假后生活习惯难以调整的一种心理病。就是在节假日期间，由于过度疲劳、过度放松、暴饮暴食等而引起身体、眼睛、消化系统方面疾病的总称。它既是身体疾病，也是心理疾病。那么，中小学学生应该怎样避免假期综合征呢？

①饮食有节。假期期间，同学们在家要管住自己的嘴，不要大吃大喝。特别是在春节期间，更应注意饮食卫生，防止因暴饮暴食引发的一系列肠胃疾病。

②起居有常。同学们要制订一个详尽的假期计划，什么时候学习，什么时候休息游玩，学什么、玩什么都要有计划、有目的，避免顾此失彼。

③玩乐有度。假期适当看看电视、玩玩游戏也无可厚非，但要玩乐有度。有的同学不分昼夜沉湎于网络游戏，造成精神疲惫，到了开学的时候还走不出虚拟世界，严重影响下学期的学习。

④学习有方。同学们要借假期多给自己充充电。基础好的同学可以参加一些健康有益的公益活动或学习一些课外知识，以提高自己的思想道德水平和文化素养；基础差的同学可借此机会补习一下自己薄弱的学科知识，以提高学习成绩。

145. 充实快乐过寒假

制订寒假生活计划；
精心安排假期学习；
积极参加社会实践；
假期生活安全第一；
沟通亲情培养爱好；
不可忽视学习礼仪。

[诠释]

对于中小学学生而言，平时学业相对较重，因此寒假是一个难得的休息、放松、自我调整的好时机，但是放假并不等于放任自由，想干什么就干什么。那么，中小学学生如何使自己的寒假生活过得文明、愉快而又充实呢？

①制订寒假生活计划。凡事预则立，不预则废。同学们只有早做计划、合理安排，才能度过一段快乐而又充实的寒假生活。同学们在寒假的第一天，可以尝试写一份学期总结，回忆一下在刚结束的这一学期中都学到了些什么，有哪些收获，有哪些不足，又有哪些应该在假期中反思改进的地方。第二天，可以写一份寒假计划书，安排好每天的作息时间，当然时间安排要有科学性，过紧过松都会影响寒假的生活质量。有了一份适合自己的计划，同学们就会成为时间的主人。在寒假最后两天，大家再写一份假期总结，总结一下自己在假期中有哪些新的收获。

②精心安排假期学习。在寒假，同学们可以根据制订的寒假生活计划，合理安排自己的学习时间。首先，同学们应该把老师布置的寒假作业做完，在做作业时，应该讲求方法，并把问题都弄明白，不能应付差事，不懂装懂。其次，同学们应该建立一个错题本，把自己上学期做错的题都收集到这个笔记本中。这样方便对症下药，进行有针对性的复习，提高自己的学习效率。再次，同学们还可以进行适当预习，了解下学期都会学些什么内容，让自己心里有个准备，为下学期做好计划。最后，同学们可以在寒假尝试查漏补缺，补补自己的薄弱科目。基础相对较好的同学，主要让名师点拨一下；而基础相对较弱的同学，主要就是补基础，哪儿弱补哪儿。对于九年级、高三学子来讲，马上将要面临中考、高考，因此更应该把握机会好好复习。

③积极参加社会实践。利用假期，同学们可以积极参加一些社会实践活动，体验一下生活，这也是同学们接触社会、锻炼自己的好时机。同学们可以在假期中搞一项社会调查，根据实际情况确定内容。比如：环境污染情况调查、社会卫生状况调查等，要写成调查报告，便于提高认识水平和写作能力；可以组成一些假日小队，打扫社区卫生，让大家干净过春节；可以到社区做一些服务性的活动；也可以到敬老院、孤儿院去帮帮忙。如果条件允许的话，还可以到工厂、农村学习课外知识。

④假期生活安全第一。在寒假，同学们除了学习，肯定会进行各种各样的活动，如：和好朋友一起逛街、玩耍；和家人一道快乐出游；体验滑雪、骑马等时尚运动；等等。然而，这一切的一切都需要把安全放在首位，离开了安全，再精彩的寒假也会大打折扣。

⑤沟通亲情培养爱好。平时，同学们忙着上学，家长忙着上班，坐在一起交

流的时间较少。在寒假，大家有了时间，可多和父母一起做做家务、走亲访友；或坐下来和亲人谈谈心，汇报一下学习情况；也可以和亲人讨论社会热点，加深对社会的理解。寒假期间，还可以和家人一起去逛逛书店、博物馆、科技馆等，充实一下自己的头脑。

放假期间，同学们可以利用充足的时间，每天安排一些有意义的体育活动，既能增强身体素质，还能陶冶情操，磨炼意志。此外，还可参加摄影、书法、跆拳道等活动，以培养自己的兴趣爱好。

⑥不可忽视学习礼仪。在寒假期间，同学们一要在父母的帮助下，收集了解过年的礼仪和风俗，并在过年时自觉遵守。同时，要学习一些交际用语和待人接物的方法，为自己以后走向社会打下基础。二要尊老爱幼，探望长辈。在寒假，同学们应该和父母趁着春节，看一看祖父母、外祖父母等，向他们拜年、问安。三要遵章守纪，注重公共场所秩序，讲究礼貌，懂得礼让，学会礼仪。四要提倡餐饮礼仪，要主动为长辈敬酒，送上祝福。五要礼尚往来，懂得回报。要懂得今天的幸福生活来之不易，要好好学习，将来回报父母、老师和所有帮助过自己的人。在过年时，不要忘了给现在的老师和以前的老师发条拜年短信，联络一下师生情谊。

146. 暑假学习五大策略

"起早贪黑"策略——避开高温学习；
"温故知新"策略——复习预习结合；
"集中记忆"策略——多背多记知识；
"天天英语"策略——每天学习英语；
"丰富多彩"策略——培养兴趣爱好。

[诠释]

①"起早贪黑"策略。在盛夏季节，同学们学习最好采取"起早贪黑"策略，以避开高温时间。早晨和晚上的时间要充分利用起来，因为这两个时段气温相对较低，适合学习。

②"温故知新"策略。"温故"是指复习"已知"，一个学年学习的内容相

当丰富，而正常的学习时间难以进行梳理和巩固，需要在暑假期间进行记忆性“温故”、整理性“温故”和深化性“温故”。此外，“温故”还包括对以前所犯知识性错误的回忆性总结。“知新”就是在“温故”的过程中有所发现，有所发展，也指在“已知”的基础上，探究“未知”，学习新知识，预习新课程。

③“集中记忆”策略。同学们在暑期要花大力气在记忆方面多下功夫。

④“天天英语”策略。在暑假里，不一定每天学遍所有学科，唯独英语，一定要天天学。暑假是学英语的最好时机，中小学学生每天要有意识地训练英语听、说、读、写的能力。

⑤“丰富多彩”策略。暑假里，同学们的学习是自主的。平时无暇顾及自己的兴趣和爱好，暑假里就有时间了。平时没有机会培养自己的特长，暑假里就有了机会。平时缺乏拓展自己知识面的课外活动，暑假里则可以合理安排这方面的活动。

147. 假期学习“四补”

补状态——培养良好学习状态；
补知识——夯实夯牢所学知识；
补能力——加强基本技能训练；
补方法——探求最佳学习方法。

[诠释]

①补状态。如果不在学习状态，费再多的时间、精力都是徒劳。同学们首先要分析自己是否已经具备了良好的学习状态，是否能够自觉、主动并且持之以恒地学习。另外，好的学习状态还表现为专注程度。我们投入学习的绝对时间很重要，但更重要的是投入学习的专注程度。

②补知识。同学们要利用假期好好整理以往学过的知识，分析自己所掌握的知识体系是否系统，知识的条理性、系统性、完整性是否完备。知识分为链条式和塔基式两种，链条式知识（如语文、政治等）如若缺少一环，相对好办；而塔基式知识（如外语、数学等）如缺少一部分，你的知识体系就会处于“漂浮”状态。因此，同学们要及时将自己掌握的知识夯实、夯牢。

③补能力。中考、高考不仅考知识，更重要的是考查学生的能力。同学们在假期要多思考自己的写作技能、运算技能、实验技能，特别是分析解决问题的能力如何，还有哪些不足，还有哪些方面需要加强训练等。

④补方法。当同学们的状态和决心都具备了，方法也非常重要。不同的学科、不同的时段，需要掌握的学习方法是不一样的。比如理科学习和文科学习的方法大不相同，而平时正常上课的方法与总复习阶段的方法也大相径庭。同学们要利用假期进行深入反思，找到适合自己的学习方法。

148. 假期学习因人而异

成绩优秀类学生——要同步超前；
渴望提高类学生——要总结反思；
基础薄弱类学生——要稳步提升。

[诠释]

①成绩优秀类学生：要同步超前。如果你以考入顶级名校作为高中三年学习的奋斗目标，非名牌大学之门不入，那么，在假期务必利用富裕时间，提前预习下学期所要学习的内容，努力让自己在下学期的激烈竞争中保持绝对优势。这部分同学要在假期做到同步超前，以目标学校为动力，随学随练，依据考试大纲，提早适应高考。

②渴望提高类学生：要总结反思。如果你对自己上学期的学习状况和学习成绩不够满意，在期中、期末考试中成绩不够突出，那么，假期正是一个养精蓄锐、蓄势待发的好时机。这类渴望进步的学生，假期进行必要的总结和深入的反思时，务必要找到学习方法中的不科学因素，并进行及时纠正。同时，要提前预习下学期的主体内容，通过有效训练，稳步提高，努力向成绩优异的学生看齐。

③基础薄弱类学生：要稳步提升。如果你还不能很好地适应高中的学习节奏，还没有掌握科学有效的学习方法，那么假期对你来说尤为宝贵。同学们理应利用假期进行查漏补缺，巩固基础，把落下的知识补上来。同时，预习下学期的知识，在预习中注重知识点的稳步积累，并尝试有所拓展。而在课外补习的题型选择上，以难度不大的基础性习题为主，为下学期学习的同步提高积蓄能量，这样可以保

证在假期逐步适应高中的学习节奏，稳步提升其学习成绩。

149. 假期读书“五要”

假期读书要做到“五要”：一要培养浓厚阅读兴趣，二要选择适宜阅读书籍，三要养成边读边记习惯，四要提高阅读实践能力，五要克服不良阅读习气。

[诠释]

①培养浓厚阅读兴趣。青少年朋友假期阅读是平时读书的延伸，因此，同学们在假期要注意培养浓厚的阅读兴趣。

②选择适宜阅读书籍。在书籍的选择上，同学们要选择一些适合自己年龄层次、能够提升道德素养、丰富知识结构的书籍。比如，你对电脑感兴趣，不妨趁假期多看一些计算机方面的书籍，这样既增长了知识，又提升了阅读兴趣。如果假期要出游，可多接触一些人文地理方面的科普书，让旅途更加愉快。同时，中外古典名著、文学艺术经典是人类文化的积淀，多读此类书籍，既有助于提高自己的文学修养，又能丰富其历史文化知识。

③养成边读边记习惯。“不动笔墨不读书”，同学们读书一定要写读书笔记。要边读边记，留下读书心得，哪怕是只言片语也是好的，精彩章节和佳句要能熟记，提倡同学们多背诵一些名篇名句。

④提高阅读实践能力。读了书后，要学会大胆地讲给别人听，或把精彩句子用到作文、书信、日记中去，要把书读活。

⑤克服不良阅读习气。要注意纠正自己的不良阅读行为，读书姿势要正确，不要在路上、车上、卫生间看书，不要长时间躺着看书，不要在光线昏暗的地方看书，也不要在强光下看书。

150. 初中生假期学习“五好”

安排好学习时间，
分析好期末试卷，
搭配好各门功课，
落实好查漏补缺，
补习好薄弱学科。

[诠释]

①每天学习时间最少保持在7—8小时。每天学习时间最好固定在上午8：00—11：30，下午3：00—5：30，晚上7：30—9：30。假期学习既不要睡懒觉，也不要过分劳累，周末可以安排休息或参加娱乐活动。

②放假的前几天，要认真对期末考试各科试卷进行分析。看看哪些试题失了分，其失分的原因是什么。可从基本知识是否掌握、学习态度是否端正、学习方法是否科学、学习习惯是否养成等方面找原因。原因找到后，就要有的放矢地加以克服和解决。

③每天至少进行三科的复习，文理搭配，喜欢的科目和其他科目交叉进行。要保证每科的学习时间，假如你的数学复习定的是两个小时，但两个小时过后任务还没有完成，此时你必须根据计划更换到其他科目。建议你把晚上学习的最后一个小时设置为机动时间，目的是把白天没有解决的问题或没有完成的任务再加以解决。

④在假期中，要对所学知识进行查漏补缺，有计划地梳理学科要点，形成知识体系与纲要结构。要将上学期课本上的概念、定律、公式等知识再梳理一遍，找到知识之间的联系，使每块知识形成体系。

⑤假期学习要把“好钢用在刀刃上”，重点补习薄弱学科，必要时可参加薄弱学科的补习班。既要把薄弱学科的知识漏洞补上来，又要适当多做薄弱学科的练习题。

151. 高中生假期学习总体规划

高一学生：着重总结学习方法；
高二学生：注重补习薄弱环节；
高三学生：侧重模拟试卷检测。

[诠释]

①高一着重总结学习方法。同学们的学习方法是否适应了高中的学习，成绩不佳的学生是否想到要在学习方法上进行一些改变，也就是说在高一的寒假和暑假里，同学们要对高一学习生活认真进行总结和反思，找到最适合自己的学习方法。而对于成绩优秀的学生，则可以进一步拓展自己的知识面。

②高二注重补习薄弱环节。每个同学都有自己的薄弱环节，所以在假期查缺补漏最重要。事实上，高二学生自己心里都有数，自己哪些地方学得好，哪些地方学得吃力，早已是心知肚明。这里关键是要利用假期的有限时间，想方设法把弱科补上来。同时，也不要忽视对优势学科的薄弱知识点进行补习。

③高三侧重模拟试卷检测。因为高三的寒假距离高考还有四个多月时间，所以对高三学生来说，这个假期不妨多准备几套高考真题，把握好时间进行自我检测，然后按照答案给自己打分。通过检测，一要检测知识漏洞，二要提高解题能力，三要训练心理素质。

八、复习备考篇

新一届的九年级学生，你们将要面临紧张有序的中考备考阶段；新一届的高三学生，你们将要面临竞争激烈的高考备考阶段。作为毕业班学生，同学们应该把时间抓得更紧，把目光看得更远。

中考就是考方法！高考就是考能力！在进入九年级、高三之前，你们必须做好状态和心态的调整，并为新的学习历程做好充分的准备。要以积极的心态来面对复习的挑战，要以务实的心态来走好备考的每一步。面对九年级、高三，你们要心态平和；走进九年级、高三，你们要脚踏实地。走进九年级、高三，要做到专心、耐心、潜心，当然更需要信心、决心。九年级、高三虽然辛苦，但苦中有乐；九年级、高三虽然艰苦，但苦中有甜。九年级、高三虽然复习之路漫长，但离自己奋斗的目标越走越近。带着美好的憧憬，满怀必胜的信心，让我们一起肩并肩、手挽手，斗志昂扬地走进九年级、高三吧！

告别幼稚，走向成熟；告别空虚，走向充实；告别昨天，拥抱明天。整理行装，带着希望，向往未来，马上出发吧！

同学们：重点高中正在向你招手，一本院校正在向你召唤，理想正在等你约会，成功正在等你相聚！还等待什么，还犹豫什么，赶快起航吧！

152. 制订合理的复习计划

复习计划的制订，一要符合实际，二要留有余地，三要长短结合，四要协调比例。

[诠释]

①复习计划要符合实际。同学们要摸清自己的学习实际，分清主次，这是制订合理复习计划的第一步。一要发掘强项，要保证优势学科复习效率的最大化；二要弥补弱项，要尽可能将更多的复习时间投向弱项学科，尽快解开弱项学科的“死穴”；三要提高总分，要保证自己的总成绩不断提高，总名次逐步提升。

②制订计划要留有余地。制订复习计划要做到“三不”：一不要订得太高，学习需要长时间的积累，不可能一蹴而就；二不要订得太满，把吃饭睡觉时间都安排得满满的，这样会打乱自己的正常生活；三不要订得太难，以免执行起来难以实现，反而使自己丧失学习的自信心。

③长期计划与短期计划要有机结合。在自己的复习计划中，同学们既要有每周复习的短期计划，也要有每月复习的长期计划。短期计划要写清每天要做的事，天天检查自己是否做到了；长期计划要写清每月的奋斗目标，月月检查自己是否达到了。要抓紧短期计划，把握长期计划，只有长短计划相结合，才能使复习效率更高效。

④复习计划要主次分明，比例协调。一要合理安排各科复习时间，二要把主要时间和精力放在重点内容上，三要各学科齐头并进。

153. 严格执行复习计划

努力从今做起，
执行脚踏实地，
增强复习毅力，
不要虎头蛇尾。

[诠释]

坚决执行复习计划雷打不动，是保证复习高效的前提。

①努力从今做起。“明日复明日，明日何其多。我生待明日，万事成蹉跎。”有了科学的复习计划，就要从今天开始执行，很多计划都是在“待明日”中成为泡影的。

②执行脚踏实地。不要以为有了复习计划就万事无忧，成功的关键在于脚踏实地地执行计划。不被坚持的计划，即使再完美，也没有丝毫价值；不被落实的计划，即使再完善，也没有半点意义。

③增强复习毅力。有的同学认为，计划赶不上变化，于是乎抵制不住各种诱惑，最终把计划丢在了脑后。因此，同学们要坚定毅力，下定决心，坚决执行计划，坚决落实计划，坚决完成计划。

④不要虎头蛇尾。有的同学在计划开始之初雄心满怀，坚持一段时间后慢慢松懈，时间一长又恢复常态。这种虎头蛇尾的状况，是同学们执行计划的大忌。克服的办法主要有二：一靠自己的恒心和毅力，二靠外力的监督和促进。

154. 备考“五字方针”

抓牢一个“准”字：准确记忆，准确答题；
做到一个“精”字：精益求精，精学精练；
避免一个“漏”字：查漏补缺，避免疏漏；
升华一个“扩”字：一题多解，举一反三；
模拟一个“实”字：立足实际，讲求实效。

[诠释]

在同学们备战中考或高考时，要在“准”“精”“漏”“扩”“实”五个字上下功夫。

①抓牢一个“准”字。要准确记忆课本知识，准确写出试题答案。

②做到一个“精”字。在学习上要精益求精，知识要精记，习题要精练。

③避免一个“漏”字。要查漏补缺，填补自己知识的漏洞，纠正自己思维方式的偏差，克服自己解题规范的疏漏，把补救措施落到实处。

④升华一个“扩”字。对每道选择题中的选项要知其然，还要知其所以然，更要知其所以不然。对计算题、主观题要一题多解，举一反三。

⑤模拟一个“实”字。要提高应试技巧，进入实战模拟训练。做题中，要立足实际，讲求实效。

155. 有效复习“五字诀”

想——回忆知识；
查——查漏补缺；
看——精读课本；
写——记录要点；
说——复述知识。

[诠释]

①想。即回想、回忆知识，是闭着眼睛想，在大脑中过电影。中小学学生课后最需要做的就是回想。此过程非常重要，几乎所有尖子生都是这样做的。同学们应在每天晚上临睡前安排一定时间回想。

②查。回想是目前联合国教科文组织承认的最有效的复习方法，也是查漏补缺的最好方法。回想时，有些能非常清楚地想出来，有些则很模糊，甚至一点也想不起来。能想起来的，说明你已经很好地复习到位了。通过这样间隔性的2—3遍回忆，几乎终生不忘。而模糊和完全想不起来的就是缺漏部分，需要从头再学。

③看。即看课本，看听课笔记。既要有面，更要有点。这个点，既包括课程内容上的重点，也包括回忆的时候没有想起来、较模糊的缺漏点。

④写。随时记下重难点、缺漏点。一定要在笔记中把它详细整理，并做上记号，以便在总复习时重点复习这部分内容。

⑤说。就是复述。如每天复述一下自己当天学过的知识，每周末复述一下自己一周内学过的知识。听明白不是真的明白，说明白才是真的明白。坚持2—3个月，你就能提高记忆能力，增强概括能力，提高表达能力，写作能力也会有一个飞跃。

156. 复习的法宝

熟记弄清，抓住主干知识；
前后联系，构建知识网络；
解题规范，规范书写答题；
善于总结，掌握解题规律；
正视考试，培养良好心态；
细心审题，提高解题能力；
主动改错，练后认真反思；
重视过程，淡化考试名次；
忙而不乱，保持愉快心情；
正视自己，充满必胜信心。

[诠释]

①所谓主干知识，是指考试大纲规定的考点的主线知识，是同学们必须把握的重点基础知识。对考试考查的主干知识要求记忆并熟练掌握，提炼出支撑学科知识体系的核心内容，彻底弄懂知识形成过程和知识发展过程，摸清知识之间的脉络。

②知识网络是指把在学习过程中获得的知识，通过一定的方式联系起来，构成一个学科的知识体系。构建知识网络要注重知识的纵横联系，在知识的联结处把握思维方向，使知识成为网络的结点，应用时能达到提纲挈领的操作要求。

③解题规范要求审题规范、书写规范、格式规范、解题步骤规范、答题位置规范等。不仅考试时要求规范解题，而且在平时做作业时也要认真书写，严格按照考试的要求进行表达，作业限时保质完成。

④对知识、典型题注重整理与积累，善于归类分析，系统掌握解题基本技能，从中悟出学科解题方法。

⑤不惧怕考试，正视考试的作用。在考试中发现自己的不足，并及时修正。把小考当大考，认真对待考试；把大考当小考，培养良好的心态。

⑥审题能力是一种综合能力，它包括阅读、理解、分析、综合等多种能力，也包括严肃、认真、细致等非智力因素。审题是学生准确解题的基础，同学们要

养成仔细审题的习惯，完全读懂题目所表达的意思，不要有遗漏，在审题过程中寻找与条件和结论所对应的知识点，善于发现解题条件并加以利用，积极寻求解题思路，不断提高解题能力。

⑦每次练习、模拟考试中，发现并总结自己的知识漏洞，从学科知识、技能、方法上认真反思，同时把错题整理在纠错本上，并有意识地进行阶段性复查。

⑧明确考试目的，不要太关注考试成绩。每次所做的试题不能完全代表你所掌握的知识水平，知识的掌握就是在不断的出错—纠错的反复中达到熟练的，只要认真总结每次考试成功的经验与失败的教训，就能考出满意的成绩。

⑨除了跟着老师完成相应的学习任务，还要有自己的复习计划，严格按照学校的学习安排去执行自己的学习计划，充分利用课外的一切空余时间达到最好的复习效果。以积极的心态面对目前的学习成绩，在学习中寻找快乐和成就感。

⑩准确定位自己的学识与能力，不要为一时的失误所左右，全力投身于学习中，树立信心，不断积累，开阔视野，增长才干，厚积薄发，赢得成功。

157. 考前“六步”抢分策略

第一步，保底分：基础知识要记牢；
第二步，少丢分：易错易混须明了；
第三步，快得分：解题技巧不可少；
第四步，抓大分：社会热点应知晓；
第五步，拉开分：考前押题很有效；
第六步，白捡分：考场秘籍显奇妙。

[诠释]

①保底分：基础知识要记牢。考查基础知识是考试的重头戏，要确保考试中不丢底分，一定要复习好基础知识，包括基本概念、基本原理、基本关系等。

②少丢分：易错易混须明了。考查易错易混知识，是每次考试常用的手法。要想考试时少丢分，务必要特别关注易错易混知识点的复习，弄清易混知识之间的区别和联系。

③快得分：解题技巧不可少。考试说到底就是解题，解题的正确与否影响了

得分的高低。在考试中要想快得分，必须总结出适合自己特点的解题技巧。

④抓大分：社会热点应知晓。热点问题是文科考试命题材料的重要来源与依据，其命题特点主要是事在“本”外，理在“书”中。考试要想得高分，要特别重视对社会热点问题的了解。

⑤拉开分：考前押题很有效。尽管平时复习我们不主张押题，但临近考试押少许主观型试题，也是多得分的一个重要手段。考试要想拉开分，必须熟背一定量的重点试题或经典试题。

⑥白捡分：考场秘籍显奇妙。要想临场发挥好必须把握好“四会”考场秘籍：一要会“挤”。考生可以有效利用提前入场的十分钟，熟悉一下考场内的环境，消除陌生感；再做几次深呼吸，尽快使自己的情绪稳定下来。开考前五分钟试卷到手，立即填涂好姓名、准考证号等项目后，迅速浏览试卷，了解一下全卷题目设置，各题的分值比例，并初步拟定一个大致的答题时间分配方案，确定答题的战略框架。二要会“排”。要想在有限的考试时间内取得好成绩，必须合理安排时间：首先要根据分值配置恰当安排时间比例，其次要根据难易安排时间的顺序。基本原则是先易后难，先熟后生，先高分后低分。三要会“省”。考场上要巧用时间，节省时间。具体可从以下几个方面入手：讲速度，即答题速度宜求快；讲方法，即答题要优化方法，尽可能选择简便快捷的方法；讲运筹，应防止前松后紧，以免做不完试题或来不及检查；讲对策，如果一开始就碰到难题，可以暂时放一放，如果做到一半遇到了难题，可以在座位上伸个懒腰，闭上眼睛转一下脖子，平复一下自己的心情，回过头再来看这道题；讲细节，合理运用草稿纸，对解主观题也有重要的作用。四要会“拼”。考试中，要有自信心，要有顽强的拼搏精神，要与时间赛跑，读题、做题、检查要环环相扣，不留任何空当。

158. 考生要具备“四心”

信心——充满自信，信心十足；
专心——排除干扰，专心致志；
细心——审题仔细，精细入微；
恒心——锲而不舍，持之以恒。

[诠释]

①信心。信心是成功的精神支柱，中考或高考是一场精力和信心的较量。同学们要讲求战略战术，重视它而不是畏惧它。信心可以让你镇静自若，沉着应考。没有信心就办不好任何事情。因此，在复习的时候，要对自己说："我能行！"在考试的时候，要对自己说："我真行！"

②专心。只有专心致志才能头脑清醒，才能感知深刻，才能积极思考，使自己处于最佳的心理和生理状态。进入九年级或高三的同学们要有毕业生的紧迫感和责任感，排除干扰，全身心地投入到复习中去。要珍惜每一天，珍惜每一堂课，珍惜每分每秒，为中考或高考做好充分的准备。在复习过程中，要立足基础，着眼能力，培养自己的综合素养和应试技巧。

③细心。同学们考试时要力求做到细心：通览全试卷，填好准考证号和名字；审题要仔细，题意要弄清；遇到难做题，不妨绕道行；细中求速度，快中需从容；检查要认真，细心去纠正。除了做题，同学们还要做好考前准备工作，不要忘记带准考证、身份证、考试必需品等，以免进考场前手忙脚乱，影响考试。

④恒心。同学们要安排好考场战术，有的人可能出师不利，首战受挫，第一道题就不会做或第一科就考得不够理想，有的人可能中途受阻。面对这种情况，我们要冷静下来，认真总结失利的原因，尽快把注意力转移到下一门考试中，不必再对前场考试耿耿于怀，要拿得起，放得下。每场考试结束，尽量做到不同别人对答案，不讨论不会做的试题。决不能考得不理想就灰心丧气，要有恒心，要锲而不舍，不管前面的学科考得如何，都要以乐观坦然的心态对待下一场考试，坚持考到最后一门学科，努力考到最后一分一秒。

159. 备考"四梳理"

在备考过程中，同学们要不断进行自我"梳理"：学习内容的梳理，复习计划的梳理，备考策略的梳理，考试错题的梳理。

[诠释]

模拟考试是九年级或高三学生在中考或高考前最重要的考试，利用模拟考试的机会，对自己的复习备考及时进行梳理，是备考非常重要的一环。

①学习内容的梳理。对阶段学习内容进行一次系统的梳理是很有必要的，可以按以下六个方面来梳理：梳理基本知识点（主干知识），梳理易错知识点，梳理重点，梳理难点，梳理疑点，梳理有待进一步强化的知识点。

②复习计划的梳理。反思阶段复习计划的执行情况是否可行，主要障碍在哪里，措施是否有效，下一阶段应该如何调整等。

③备考策略的梳理。考生必须明确，方向比努力更重要，策略往往决定效果。反思阶段的备考策略是否符合阶段的复习特征，是否体现了以基础为中心、以课本为核心，是否做到了复习与练习相结合、练习与总结反思相结合，是否体现了总分第一、平衡发展的备考思路等。

④考试错题的梳理。反思自己对错题的态度是否重视，分析是否透彻，错题分类是否合理（知识性错误、技巧性错误、规范性错误），纠错是否及时，是否定期回看等。

160. 从高二到高三的五个转变

从高二到高三，同学们要实现五个转变，即角色的转变、心态的转变、习惯的转变、时空的转变、意志的转变。

[诠释]

①角色的转变。进入高三，同学们在角色定位上要做到：从幼稚走向成熟，从模糊变为清晰，从被动观望者变成主动融入者，从被动接受转为主动获取，从被动应付转到主动规划，从“要我学”走向“我要学”。

②心态的转变。进入高三，同学们在心态上要做到：从浮躁走向冷静，从自负走向平实，从急躁走向耐心，从逆反走向服从，从消极走向积极，从依赖走向独立，从任性走向理性。

③习惯的转变。进入高三，同学们在习惯上要做到：从粗心走向细心，从随意走向规范，从片面走向全面，从凌乱走向有序，从松散变为紧凑，从延误拖拉变成提前完成。

④时空的转变。进入高三，同学们在时空观念上要做到：从随意浪费转到有效利用，从被动安排转到主动计划。

⑤意志的转变。进入高三，同学们在意志上要做到：从脆弱走向坚强，从放弃走向坚持，从动摇走向坚定。

161. 一轮备考要体现“三观”

基础观：紧紧抓住基础知识不松手；
课本观：牢牢吃透课本知识不松口；
系统观：稳稳梳理系统知识不松懈。

[诠释]

九年级或高三的一轮复习备考至关重要，同学们要注意体现和落实以下“三观”。

①基础观。在复习备考中，要以基础知识为主线，紧紧抓住基础知识不放松。在对待基础知识问题上，不少同学常常出现不耐烦情绪，常常抱有急功近利的想法，在复习时不够专注、不够认真和不够深入。对一些基本概念、基本原理、基本常识往往感到似曾相识，往往出现“老师一讲就会，考试一做就错”的情况。对于基础知识，同学们不但要懂，而且要记得准确无误。考生必须心里清楚，抓基础知识必须立足于第一轮复习，因为到了第二轮复习就没有时间来补基础了。对待基础知识一要细致，二要扎实，三要准确。

②课本观。课本是基础知识的来源，是第一轮复习的重要依据。课本中的主干知识就是中考或高考中基础题的命题依据。基础题的考查往往是源于课本又高于课本，吃透了课本就等于掌握了基础知识。要善于挖掘课本中的基本考点，把课本中的基本知识点变成可能的考点。只有这样，课本的价值才能充分体现。

③系统观。知识块是由若干的知识点构成的，知识之间是有紧密联系的，你中有我，我中有你。因此，以系统观来梳理和归纳知识点是非常重要的。以模块为中心，以单元为知识块，系统构建每个模块的知识网络，形成系统的知识。当系统知识形成以后，在考试中便能有序和有效地被提取出来。

162. 二轮复习处理好四个关系

考生在二轮复习中，要处理好基础与能力的关系、同步与异步的关系、练习与反思的关系、单科与全科的关系。

[诠释]

①处理好基础与能力的关系。在复习过程中必须重视夯实基础，在巩固基础的前提下再提高能力，千万不能本末倒置。部分同学在复习过程中，容易产生急功近利的思想，希望能一步到位，所以对基础知识不够重视，一开始就拿中考或高考真题、模拟题来挑战自己，结果很快就败下阵来。

②处理好同步与异步的关系。少数同学在复习中喜欢另起炉灶，上课与老师不同步，自己搞一套。显然，这是耗时低效的做法。因为老师的复习内容一般都有很强的针对性和衔接性，而自己的复习往往是带有随意性的。正确的做法应该是，课堂上必须与老师同步，课下则可以异步进行，根据自己的薄弱环节进行有针对性的强化或查漏补缺。

③处理好练习与反思的关系。有些同学很喜欢做题，屡败屡战，就像老黄牛一样只管拉车不看路，结果是出力不讨好。建议同学们要学会练后总结、反思，及时把错误的原因搞清楚，并将常见的错误分类归纳，以便更有针对性地寻求对策。

④处理好单科与全科的关系。即要处理好单科提升与全科平衡发展的关系。中考、高考实行原始分计分，既要关注单科成绩，更要力求各科平衡发展。否则，总分就很难上去。在第一轮复习中，千万不能偏科，单凭个人兴趣片面追求单科高分而忽视其他学科的齐头并进，是坚决要杜绝的。

163. 不可缺少的六种好习惯

在复习和备考过程中，同学们要养成课前主动预习的习惯、课堂高效做笔记的习惯、课后及时复习的习惯、先纠错后练习的习惯、考后分析反思的习惯、答题步骤规范的习惯。

[诠释]

同学们如果要在中考、高考中胜出，必须从培养和坚持良好的学习习惯开始。

①课前主动预习的习惯。预习的目的在于提前明确复习内容和初步发现知识重构的障碍，预习的过程实际上就是一个自主学习、初步感知和自我发现的过程。由于中考、高考复习的进度较快，跨度较大，所以不提前预习是很难跟上老师上课的节奏的。

②课堂高效做笔记的习惯。做笔记表面上看来很简单，但事实上是大有学问的。作为九年级、高三学生，做笔记时应该边思考边记，要有选择性地记录，而不是一字不漏地记。记自己感到重要的知识点、疑点和易错点，记重要的解题思路，记重要的解题方法。

③课后及时复习的习惯。九年级、高三课堂具有节奏快、容量大的特点，必须在课后进一步理解、消化和吸收。不少同学课后心里只惦记着赶快完成老师布置的作业，而不对课堂复习的知识再及时消化。这种欲速则不达、费时低效的做作业习惯是不可取的。

④先纠错后练习的习惯。由于九年级、高三的作业和练习比较多，老师是不可能全部批改的，有时只是画出有错的地方提醒学生自己改正，所以同学们必须养成做错必究、逢错必思、遇错必改的习惯。每次在完成新作业之前，一定要先把上次的错题改正过来。只有这样，才能最大限度地减少新的错误。

⑤考后分析反思的习惯。九年级、高三考试比较频繁，每次大考之后，最重要的是及时进行自我诊断和分析反思，而不是停留在只关注考试结果的层面上。考后要尽量做到“三思而后行”。一要思“得”，得到了什么，有哪些进步；二要思“失”，有哪些失误，为什么会失误；三要思“改”，今后如何改正，如何强化提高。

⑥答题步骤规范的习惯。要严格规范自己的答题步骤和答题过程。答题规范习惯要从平时每次的练习做起，不要给自己的随意找借口。只有平时训练像对待考试一样，才能真正与中考、高考接轨。答题规范还包括书写规范和卷面整洁，这在中考、高考中也起着举足轻重的作用。

164. 克服错误的考试心理

降低高期望值，以理智的态度面对考试；
放下心理包袱，以平稳的心态应对考试；
培养自信心态，从不同的角度审视考试。

[诠释]

进入九年级或高三后，不少学生面对考试时，产生了一些错误的心理状态，其主要表现有：一是松散应付型心理，二是捍卫尊严型心理，三是自卑胆怯型心理，四是求胜心切型心理。这些错误的心理，难免会在考试中影响学生水平的发挥。那么，九年级或高三学生应该如何克服上述错误心理呢？

①降低高期望值，以理智的态度面对考试。有表现欲望，希望快速转变个人形象，标志着同学们开始走向成熟，这是值得赞扬的一种心理状态。但是，任何成功都要付出长期艰辛的努力，现在的考试成绩，并不能完全代表今后的发展趋势。所以，我们应该降低期望值，更加理智地对待考试。

②放下心理包袱，以平稳的心态应对考试。对于成绩优秀的学生来说，比较重要的考试有时会造成较大的心理压力。他们往往担心考不好会给老师、同学留下不好的印象，甚至担心成绩退步会给自己竞选班干部、评选“三好学生”带来不良影响。其实，这样的担忧往往是不必要的，因为考试成绩只体现个人的一部分能力，并不是综合能力的标志。所以，九年级或高三学生要学会放下不必要的心理包袱，以平稳的心态面对考试，更加集中精力投入到复习中去。

③培养自信心态，从不同的角度审视考试。学习存在困难的学生，最好在考试前制订出符合自身实际情况的标准，只要成绩与以往相比有一定的进步就可以，不必强求有较大的突破。不要对考试存在惧怕心理，只要能够战胜自己就是胜利。

165. 保持良好的考前心态

考生要保持良好的考前心态，即保持自信乐观的心态，保持平静愉快的心态，保持适度紧张的心态。

[诠释]

考生的考前心态一般有三种类型：一是适当兴奋型，对考试充满信心，精神愉快；二是过度兴奋型，容易产生紧张、焦虑、急躁情绪；三是消沉抑制型，对考试不自信，情绪低落。第一种类型是理想状态，有利于考出好成绩；第二种类型只要适度调节，处置得当，不会有什么大碍；第三种类型负面影响很大，必须尽力避免，努力克服。

①保持自信乐观的心态。在复习应考阶段，考生除要特别努力、特别刻苦外，最重要的一点就是要对自己特别有信心。自信才会乐观，乐观才能保持头脑清醒，头脑清醒才会思维敏捷，思维敏捷才会思路清晰，这是每一位考生考试取胜的心理基础。

②保持平静愉快的心态。平静愉快是最好的考前心理状态。临近考试，没有必要给自己制造太大的压力。同学们应该有意识地调整自己的生活节奏，保证充分的睡眠，保持旺盛的体力，千万不要挑灯夜战，以免对身体造成伤害，影响考场的发挥。

③保持适度紧张的心态。心理学家认为，不管做什么事情，保持适度紧张状态是必要的。考试前适当的紧张有利于考生水平的发挥，如果放松过度，大脑思维反而会变得迟钝。考前几天一旦完全松懈下来，既不复习所学知识，又不动手做题，进入考场答卷就会觉得陌生许多，一些知识忘记了，一些解题思路生疏了，这会极大地影响考试成绩。因此，考前的最后关头，不能过分松懈，要继续努力。当然，也不可过于紧张。

166. 考前保持“六会”

会复习，保持信心百倍；
会运动，保持旺盛精力；
会娱乐，保持轻松心情；
会休息，保持健康身体；
会放松，保持良好心态；
会安排，做好考前准备。

[诠释]

①会复习，保持信心百倍。考前增强信心、稳定情绪是非常重要的。为此，中考、高考前几天，要严格按照考试时间复习。上午9点至11点半复习上午的考试科目；下午3点至5点复习下午的考试科目。注意复习内容不要过难，不能再做新试卷，要复习最基本的知识。由于你复习的是常见的知识，轻车熟路，自然就会信心倍增。

②会运动，保持旺盛精力。适当的运动可以消除疲劳，保持旺盛的精力，但考前几天千万不要进行剧烈运动。考生可以在家里或室外做俯卧撑、慢步走、做有氧操等，以免体力消耗过大，身心疲惫，反而对考试无益。

③会娱乐，保持轻松心情。适当的娱乐能陶冶人的性情，有利于考生保持良好的心境。所以，考生在考前可以收听几曲轻音乐，或者收看相声、小品表演等轻松节目，千万不要收看内容刺激的电视节目，也不要三五成群地打扑克、玩游戏，以免分散精力。

④会休息，保持健康身体。考生在考前一定要根据考试安排调节好自己的生物钟，严格执行作息时间，起居、运动、学习、饮食都要在相对固定的时间内进行。每晚要在11点之前休息，特别是考前一天的晚上，一定不要提前睡觉，违反了生物钟反而会睡不好。如果有失眠现象，千万不要吃安眠药来催眠，它对大脑有抑制作用，会影响考试的发挥。

⑤会放松，保持良好心态。考前保持良好的心态，以平常心面对中考、高考往往会发挥出更好水平。保持良好心态的最好办法是学会放松，一要学会深呼吸。深呼吸的要领：先缓慢有节奏地吸气，憋一两秒钟后再张口有节奏地呼气。二要学会微笑。既要把微笑送给他人，也要把微笑留给自己。

⑥会安排，做好考前准备。考生一方面要准备好考试用的笔、小刀、橡皮、准考证、身份证等考场必备品。另一方面，适当准备一点感冒药、清凉油之类的药品也是可取的。还要特别记住，最好提前一小时到达所在考点。

167. 考场答题歌

考场答题有技巧，速度规范不可少；
冷静做题心情好，审清题意得分高；
遇到熟题看变化，碰到难题基础找；
不求题题都去做，舍卒保车很重要；
检查修改要慎重，乱改答案最糟糕；
考试时间用充足，超常发挥传捷报。

[诠释]

考生在答卷过程中要按照“考场答题歌”的要求做题，力争考出最佳水平。

①要明白速度快、正确率高、答卷规范是得高分的保证。答题要提高速度，但不能影响正确率。书写要认真、规范，不要太潦草。

②答题时要保持淡定平静的心态，不要有太高的期望值。先看设问，再快速浏览材料，一定要审清题意，不要答非所问。

③答题过程中，当遇到熟悉的问题时要看与自己所见题目有无变化，防止照搬答案不得分；当遇到难题时，要思考与之相关的基础知识，从中找出答题的突破口。

④答题要遵循从前到后、先易后难的原则，遇到一时做不出的试题要暂时放下。不求题题必做，只求得分最高。

⑤交卷前检查修改，遇到拿不准的答案要尊重第一印象，不要轻意改动，免得改错了答案。

⑥要把握好考试时间，既要避免时间到了还有会做的题没有做，也要避免前面赶得太紧而剩余时间太多，特别要避免出现考试时间结束还有选择题的答案没有涂到答题卡上的现象。

168. 考场超常发挥的诀窍

考前热身——做好考前准备；
情绪放松——减轻心理压力；
成功激励——保持心态自信。

[诠释]

①考前热身。考试前，考生可按上下午考试开始的时间各进行一次想象预演：想象自己进入考场、参加考试的整个过程。考试当天，早晨起来时要暗示自己：我今天的身体状态最棒，精神状态最佳，一定能考出最好水平！

②情绪放松。情绪放松有利于考试的顺利进行，而情绪过于紧张，则会影响自己正常水平的发挥。考生要采取系统性措施减轻自己的心理压力：一是饮食减压。考前应大量摄取富含维生素 C 的水果、蔬菜。二是运动减压。考生要尽可能抓住考前复习的间隙时间多进行体育锻炼，这不但能缓解紧张感，而且能增加手脚的协调性。三是转移减压。即适当把当前过于关注的考试问题，转移到考试以外的其他事情上去。四是环境减压。要营造安静的休息环境，处理好人际关系。五是睡眠减压。要采取多时段睡眠的身心调节方法，以减轻身心的过度疲劳。六是过渡减压。即慢慢减弱学习强度，慢慢减少复习时间。

③成功激励。考前自信的心态是很重要的，考前一天考生应该努力使自己的自信心达到前所未有的高度，牢固树立成功意识。成功激励方法主要有三：一是成功事例鼓励法。即回忆自己取得成功的事例，并对每一次的成功事例说出一句鼓励的话。二是成功事例想象法。即考生闭上眼睛，全身放松，让自己完全沉浸在成功与喜悦之中；然后再引导自己想象在未来的人生道路上，还有许多成功在向自己招手……三是成功心理训练法。考生可以阅读成功人士的传记故事，欣赏他们的内心表白；也可以听听欢快的乐曲，唤起自己成功的意识；还可以背诵激励成功的名言警句，以增强成功的信念。

169. 考场答题“六先六后”

在考场上，考生答题要做到“六先六后”：先易后难，先熟后生，先小后大，先同后异，先点后面，先高后低。

[诠释]

①先易后难。就是先做简单题，再做综合题。考生应根据自己的实际，果断跳过啃不动的题。从易到难，也要注意认真对待每一道题，力求多得分，不能走马观花，有难就退。

②先熟后生。考生在粗略通览全卷的基础上，可实施先熟后生的策略。即先做那些知识把握好、题型结构熟、解题思路清的试题。拿下熟题后，可以使自己思维流畅，继而达到拿下中高难度题目的目的。

③先小后大。小题一般信息量较少，运算量较小，易于把握。考生不要轻易放过，应争取在解大题之前尽快解决小题，以便为解决大题赢得时间。

④先同后异。即先做同科同类型的题目，有利于提高单位时间的效益。高考题一般要求较快地进行“兴奋灶”的转移，而先同后异可以避免“兴奋灶”过急、过频地跳跃，从而减轻大脑负担，保持精力。

⑤先点后面。近年的中考、高考试题多呈现渐难式的“梯度题”，解答时不必一气审到底，应走一步解决一步。而前面问题的解决又为后面的问题准备了思维基础和解题条件，所以考生要步步为营，由点到面。

⑥先高后低。即在考试的后半段时间，要注重时间效益。如：估计两题都会做，则先做高分题；估计两题都不易，则先对高分题实施“分段得分”，以达到在时间不足的情况下多得分。

170. 语文复习"慢"的辩证法

备考计划——循序渐进，"慢"为主线；
备考心态——沉静去浮，"慢"下思绪；
一轮复习——精耕细作，"慢"出实效；
二轮复习——精学巧练，"慢"积薄发；
作文升格——开阔视野，"慢"品素材。

[诠释]

中考、高考复习到最后阶段，犹如箭置弦上，引而未发，有的同学神经紧绷，有的则心浮气躁。此时，尤其需要静下心来，冷静去浮，厚积薄发。

①备考计划——循序渐进，"慢"为主线。快节奏的生活，让我们错过了许多细节的美丽；快节奏的复习，让我们错失了许多应得的分数。为提高备考效率，同学们可以改变以往匆忙赶路的步伐，放慢脚步，循序渐进，尝试以"慢"为主线，适当拉长第一轮的复习时间。

②备考心态——沉静去浮，"慢"下思绪。同学们要舍得慢，"慢"下思绪，确立以"本"为本的思想，立足课本，回归课本，注重向课外适度延伸，力求课本与中考、高考的要求和谐统一。不能急于求成，只图数量不重质量。

③一轮复习——精耕细作，"慢"出实效。为了提升中考、高考复习的有效性，语文第一轮复习要坚持慢工出细活。一要求"实效"，早读、课堂、自习处处慢而求精，力求将知识点学透；二要做"精细"，日常练习慢中求细，平常考试对中求精，力求将练习题做精。

④二轮复习——精学巧练，"慢"积薄发。一轮复习要讲究一个"慢"字，求一个"全"字。二轮复习要突出一个"巧"字，求一个"专"字。二轮复习的"巧"字，贵在巧学、巧练。巧学，即通过一题多问、一题多解、一题多变，开拓外延，分析归纳，以点带面，使零碎知识得以升华，积零成整，结串成网，做一题，学一法，会一类，通一片。巧练，即一练薄弱处，二练有效处。"专"字，贵在专攻薄弱。对小的综合或专题进行集中攻克，同学们要真正了解自己的薄弱项，然后章法不乱地进行二次巩固。

⑤作文升格——开阔视野，"慢"品素材。作文是中考、高考语文的"半壁

江山”，作文的好坏直接关系到语文成绩的高低，应引起同学们的高度重视。作文训练的总体目标：在文体上，于不限中求擅长；在内容上，于自由中求最佳；在角度上，于稳妥中求最准；在表达上，于得体中求文采；在书写上，于规范中求美观。

171. 数学答卷八技巧

数学答卷八技巧：通读全卷，认真审题，分段得分，先易后难，跳跃解答，逆向分析，先思后画，联想答题。

[诠释]

①通读全卷。一要看题量多少，不要漏题；二要选出容易题，准备先作答；三要把自己容易忽略和出错的试题在题的空白处用铅笔做个记号。

②认真审题。审题一定要细心，要放慢速度，逐字逐句搞清题意（似曾相识的题目更要注意不死背答案），从多角度挖掘隐含条件及条件间的内在联系，为快速解答提供可靠的信息和依据。

③分段得分。数学解答题有“入手容易深入难”的特点，第一问比较容易，第二、第三问难度逐渐加大。因此，解答时应注意“分段得分”，步步为营。首先拿下第一问，确保不失分。然后分析第一问是否为第二、第三问埋下了思维基础和解题条件，力争第二问能保全分，争取第三问能抢到分。

④先易后难。先做容易题，后做难题。遇到难题，要敢于暂时放弃，不要浪费太多时间，等把会做的题解答完后，再回头集中精力解决它。

⑤跳跃解答。当不会解答或证明解答题中的前一问，而会解答或证明下一问时，可以直接利用下一问的结论去解决前一问。

⑥逆向分析。当用直接法解答或证明某一问题遇到“卡子”时，可以采用逆向分析法。

⑦先思后画。当发现自己答错时，不要急于画掉重写，认真思考后再做判断。

⑧联想答题。当遇到一时想不起来的问题时，不要把注意力集中在一个方面，要换个角度思考，从与题目有关的知识开始模拟联想。如“课本上怎么说的”“以前运用这些知识解决过什么问题”“是否能特殊化”等。

172. 英语临场增分小诀窍

英语临场增分小诀窍：考前热身很重要，试卷到手准备好，填涂题卡方法妙，书面表达有绝招，临场发挥策略高，超常发挥乐陶陶。

[诠释]

①考前热身。考前热身是为了让考生的智力状态和非智力状态同时达到应试最佳兴奋点。英语考试热身的方法是读一读、看一看、做一做。大声读一两篇英语课文，看几页英语错题笔记，进行小试题训练。

②试卷到手。因为考听力，英语试卷通常提前发。这时你应做好三件事：第一，在答题卡上填写名字和准考证号，在“贴条形码处”粘牢贴正你的条形码。第二，检查试卷是否有缺页、漏印、覆盖、粘连等问题，如有问题及时报告监考老师。第三，浏览听力前五题。

③填涂答题卡。高考英语 1—60 小题的答案需要填涂在答题卡上。分三块填涂，一块听力题区，一块知识题区，一块阅读题区。先用尖铅笔在答题卡上轻点答案，遇有悬而未决的答案可点两个，最后在用扁平铅笔涂黑时决定取舍，轻擦小点。用扁平铅笔填涂时要注意从左至右画过来，再推过去，一个来回即可，无须多次。

④书面表达。英语书面表达应有四道“工序”，即审题、草稿、誊正和核对。同时还应注意以下几个方面：第一，书写。字体一致；字迹工整，少用连笔；字形占格子的三分之二大小，忌写在格子的线条上；字距以爽目为佳；字数 110—130 为宜。第二，分段。最好写三段，至少两段。另起段时，缩进两格，勿顶格分段。第三，版面。版面整洁、爽目，忌超格、污记、涂黑等。若必须更改，可将错词括起来，再于其上更正。若为十行格，可写满，每行十一词左右。若十二行格，亦可写满，每行十词左右。第四，篇章纽带。使用必要的篇章纽带可使文章读起来更像英文，避免生硬和粗糙。第五，起采。每段使用一两个较高级的词语或句型来表达，可使全文增色，但不宜使用过频，以免出错。第六，忌低级错误。时态应保持一致，词语的变化形式要拼写正确等。

⑤临场策略。第一，遇难何需急，得“易”勿忘形。遇见题目难，不要慌，不用忧，我难人亦难，何慌之有？何忧之有？若遇题目容易，更不可以得“易”

忘形，影响正常思考。第二，“三心”加“三意”，小分聚宝盆。“三心”就是在应试时做到：审题要多心，解题要细心，做题要耐心。“三意”就是要有得分意识、速度意识和全局意识。第三，只查有疑处，省时还省心。复查试卷十分必要，但不必非要全卷复查不可。只需复查那些存疑的地方，也就是在答题卡上用尖铅笔轻点的地方需要审查，再就是复查短文改错以及书面表达等。但不宜做完全卷后立刻进行复查，应稍事休息再开始。

173. 复习物理“五注重”

复习物理，要注重对物理概念规律的理解，注重对物理思维方法的感悟，注重对物理实验能力的提高，注重对物理过程分析的应用，注重物理与现实生活的联系。

[诠释]

①注重对物理概念规律的理解。基本概念要清楚，基本规律要熟悉，基础知识和基本技能是考试大纲的主要要求。同学们在掌握“双基”的基础上，再去把握基本的解题思路。解题思路是建立在扎实的基础知识条件上的一种分析问题、解决问题的着眼点和入手点。再难的题目也无非是基础东西的综合或变式。在有限的复习时间内我们要做出明智的选择，那就是要抓基础。

②注重对物理思维方法的感悟。对物理思维方法的感悟理解与应用是个人学习素养与潜质的表现。同学们要注重解决物理问题的思维过程和方法，要认真领会并掌握运用各种思维方法，如代数法、图象法、假设法、微元法等。通过一定量的习题的求解，同学们会发现在理解概念、规律方面的许多问题，也会发现解题方法、技巧方面的许多问题，还会积累不少的解题技巧、经验，这些都要求同学们要及时地归纳总结。

③注重对物理实验能力的提高。实验是建立物理概念、理解物理规律、打造物理模型的基础。同学们对实验目的、实验原理、实验操作、数据处理、误差分析都必须了如指掌。做物理实验前要认真预习，实验时要胆大心细，实验后要独立完成实验报告。

④注重对物理过程分析的应用。对一道物理题，同学们在弄清题意、确定应

用的物理规律后，就要对研究对象进行物理状态、物理过程的分析，在脑海中形成鲜明的物理图象，画出物理过程动态图。尤其是对一些灵活性较大、情境较新的问题，分析清楚物理过程才能找到解题的关键条件和问题中的隐藏条件。

⑤注重物理与现实生活的联系。同学们要注重用物理学科知识诠释解答现实社会生活中能源、科技等重大社会热点问题。

174. 化学复习“四要”

复习化学，一要把握主干知识，二要掌握思维方式，三要精选练习题目，四要关注热点、冰点。

[诠释]

①要把握主干知识。在复习时，首先要做好对知识的梳理，构筑自己的知识网络，对各个专题都要做到横向加纵向的双重复习。同时要尽可能地查漏补缺，把自己的易错点和易漏点找出来，如容易写错的方程式、容易混淆的实验，甚至容易写错的字等，都要准确找出并加以纠正。

②要掌握思维方式。化学的思维方式，最重要的是守恒思维和类比思维。灵活运用守恒思维，可以快速而有效地解题。如判断离子方程式正误、溶液中离子浓度的计算等往往要用到电荷守恒；盐类水解的题目常用到物料守恒、原子守恒等。而类比思维简单地说，就是理解与谁比、比什么、所比较的内容有什么规律性和特殊性。通常有两种类型：一种是根据元素周期律进行的类比；一种是根据所给信息，告诉你与学过的某个知识相似，要求合理类比，找出两者的结合点进行答题。

③要精选练习题目。做题时要对试题精挑细选，有所取舍，保证每道练习题都能发挥功效。做题不仅是做一做就可以了，还要经常反思该题命题的意图是什么，考的是哪些知识点，命题的角度是什么，用到了哪些解题方法，容易被卡住的地方在哪里，答题最容易疏忽的内容是什么等。通过反思这些问题，同学们就能排查出自己的知识漏洞，同时对提高自己的解题能力也是大有好处的。

④要关注热点、冰点。化学学科也要关注社会热点问题，关心与化学学科有关的社会大事。同时，同学们既要对历年的试题进行科学的分析，对知识点的出

现频率做到心中有数，又不能忽视冰点问题，对于考试说明中有明确要求，但近三年考试题目中没有涉及的内容同样需要关注。

175. 生物复习：巧读课本，善学插图

阅读目录，通读课本；
每天必读，细读课本；
融会贯通，熟读课本；
善学插图，选读课本。

[诠释]

①阅读目录，通读课本。目录是全书的缩影和提纲，读生物课本的目录有利于同学们把握知识体系，提高综合应用能力。生物需要记忆和背诵的内容很多，通过通读课本，争取做到知识主干清晰，重点难点明确，为生物的进一步复习夯实基础。

②每天必读，细读课本。从历年生物高考来看，所考内容中有60%—70%是考生物学中的基础知识和基本技能。因此，生物复习必须认真阅读课本，最好每天都要看一看课本以保持知识的连续性。

③融会贯通，熟读课本。尽管高考生物考查考生的理解能力、实验与探究能力、获取信息能力、综合运用能力，但生物基础知识是形成这些能力的基础和前提。只有熟读课本，才能融会贯通，才能在综合测试中游刃有余。

④善学插图，选读课本。在备考复习中，考生应重视与课本联系紧密的图表和曲线。做到有图必读，有图必识，有图必析，以增强获取信息的能力。

176. 政治学科答题技巧

客观题：抓住立意，排查误项，找准题眼；
主观题：弄清题意，归类对号，规范答案。

[诠释]

①客观题答题技巧。一要抓住立意。每个选择题只有一个立意，即一个中心思想。因而，看到试题后，认真阅读，并很快总结出它的中心思想，最好用一句话的形式提取出立意。然后，再看题干的设问，对照选项，这样就能很快地找到答案。二要排查误项。试题中有一部分是难度大的题目，甚至有些选项的设置一时难以理解。在这种情况下，最好用排除法，先把明显错误或明显不符合题意的选项排除，然后进一步缩小范围。三要找准题眼，题眼即关键词。一般来说，每个选择题的关键词大多在题干的最后一句话中，同学们要特别注意抓住题干最后一句话的具体要求。

②主观题答题技巧。一要认真读题，弄清题意，明确中心及分论点，确定论据。在读题时，首先要抓住试题提供的答题要求和条件，必须明确答案是从试题的文字中分析出来的。其次要明确中心，只有围绕中心答题，才能与题意的口径相符。再次将中心论点按题意分成几个有机联系的分论点。最后要确定分析说明中心论点或分论点的根据。二要归类对号，落实到课本的单元、课、框。试题虽然千变万化，但都离不开材料和所学知识。读题时，必须判明答题要用课本的哪些单元、课、框的内容，这样就缩小了思考的范围，然后根据题目的要求恰如其分地引用、组织某方面的知识。三要规范答案。答题时，一定要使用课本书面用语，而不能使用自己创造的语言、概念及社会、家庭流行的俗语。只有用课本书面用语答题，才能做到表述规范、准确、科学、简洁，才能和阅卷老师沟通思想，交流信息，形成共识，减少误解。

177. 历史复习“三要素”

回归课本，夯实主干；
抓住重点，适度拓展；
重视反思，强化训练。

[诠释]

①回归课本，夯实主干。抓好主干知识的复习，是解答好历史试题的基本保证。同学们在复习时一定要依据考试说明中要求掌握的主干知识点，根据课本的

单元进行梳理、掌握。要熟记主干知识，不放过每一个知识点；要理解主干知识，不停留在简单的背诵上；要对知识点进行梳理和整合，形成知识体系，最大限度地提高复习效率。

②抓住重点，适度拓展。同学们要在复习重点知识上狠下功夫，要着重掌握好中外近现代重大历史事件、重大历史人物、重大历史现象、重大历史线索、重大历史特征等，借助老师的帮助，学会把分散的历史史实、概念、阶段特征等纳入完整的知识体系，变成层次分明、条理清晰的主干知识网络。专题复习可把握以下几点：一个中心——以问题为中心。两个关键——关键词、切入点。三个模式——小切口、深分析，大跨度、高概括，多层次、多视角。四个思考——历史问题的现实思考，现实问题的历史思考，中外问题的对比思考，热点问题的综合思考。

③重视反思，强化训练。同学们应每天进行适度的强化训练，通过做一定题量的练习来检查复习效果，巩固已复习的知识，及时查漏补缺，并在练习过程中不断提高审题能力，总结出各类题型的解题技巧与方法。做题时要强化两点：第一，要认真审题。首先审中心词——要求回答什么；其次审限定词——时间、空间、国家或地区；再次审分值——根据分数确定答案要点。第二，要规范答题。要点要序号化，答案要顺序化，内容要重点化，语言要专业化。

178. 地理考场答题技巧

慎重审题，注重获取试题信息；
注意比较，甄别筛选最优答案；
准确定位，灵活使用定位方法；
实现归类，注重训练思维能力；
列出要点，体现答案层次主次；
研究分值，确定试题答案要点。

[诠释]

①慎重审题，注重获取试题信息。试题信息可分为：题目文字信息、图象图标信息、问题信息等。了解试题信息的呈现方式，快速获取、准确解读试题信息，

明确出题者的考查意图是解题的关键。

②注意比较，甄别筛选最优答案。在做客观题时，要突破原有的思维定式，做到思维方式开阔一些，思考问题辩证一些，在比较中选择出正确答案。

③准确定位，灵活使用定位方法。地理试题是以地图为载体，定位是入图解题的关键。掌握正确的定位方法，有助于理解题意。常见的定位方法有经纬网定位法、自然人文特征定位法、特征地理事物定位法、特殊注记定位法等。

④实现归类，注重训练思维能力。地理客观题强调对知识理解层面上的能力考查，注重地理事物间的因果联系；地理主观题更能体现对学生思维能力的考查。高考命题的设问大体分为以下几类：一是就图填空，在区域定位基础上的地理事物的再认，主要从图或材料中获取信息；二是原因类问题，从自然原因和人为原因两方面回答；三是区位因素分析类问题，从自然因素和社会经济因素分析；四是环境问题分析类问题，从环境污染和生态破坏角度考虑；五是措施类问题，主要从工程措施、技术措施、生物措施和管理措施四个方面结合实际考虑。

⑤列出要点，体现答案层次主次。同学们答题必须按要点体现在卷面上，分出层次，而且要将重要的观点写在最前面，在书写时还要注意字间距和行间距，语言表述要准确、简约、到位。

⑥研究分值，确定试题答案要点。高考地理各题目分值设置一般是按要点给分。基于此，可以通过研究分值，结合问题的设问，估测答案要点数目。为了避免失分，可以多答一两个要点，这样失分的概率会相对小些。

九、素质提高篇

作为一名青少年学生，要不断开发自己的潜在能力，提高自身整体素质。人的潜在能力是无限的，犹如一座有待开发的金矿，蕴藏无穷，价值巨大。美国学者詹姆斯说：“普通人只开发了他蕴藏能力的十分之一。与应当取得的成就相比较，我们只不过是半醒着的，我们只利用了我们身心资源的很小一部分。”爱迪生说：“如果我们做出所有我们能做的事情，即我们开发了自己的潜在能力，毫无疑问，我们所会做的事情，会使我们自己大吃一惊。”

要开发自己的潜在能力，提高自身整体素质，同学们要注重以下几点：

第一，要注重对自己情商的培养。所谓情商，是情感商数的简称。情商决定着人生的成败。人生的成就至多只有 20% 归诸智商，而 80% 则归诸情商。因此，同学们要陶冶情操、健全人格，培养对社会感恩的感情，对学校热爱的感情，对家庭真挚的感情，对他人友爱的感情。

第二，要注重对自己心理素质的培养。要培养自己“胜固可喜，败亦怡然”的心理素质。即面对成功，切不能沾沾自喜，要百尺竿头，更进一步；面对失败，决不能一蹶不振，要总结教训，从头再来；他人成功，要真诚祝贺，虚心学习；他人失败，要诚心安慰，尽力帮助。

第三，要注重对自己坚强毅力的培养。无论做什么事情，都要坚信自己会成功；无论做什么事情，都要审时度势，正确评价自己；无论做什么事情，都要高标准要求自己；无论做什么事情，都要善始善终。

第四，要注重对自己思想品德的培养。同学们要加强品德修养，提高自己的道德认识、道德情感、道德意志，懂得做人、做事、做学问的道理，从理念上超越自我。

179. 提高辩论能力“四多”

多听——增添辩论经验；
多读——提高辩论口才；
多写——积累辩论词汇；
多说——增强辩论胆识。

[诠释]

辩论不仅是在辩论比赛时才显得重要，其实在日常生活中，提高自己的辩论能力，对于提高自身整体素质也有重要作用。

①多听。多听不一定是让同学们去多听辩论赛的录音，而是多听不同的东西，去吸收不同的知识。可以听名人演讲的录音，也可以去菜市场听别人如何还价，还可以在学校听同学或老师是如何用更好更妙的词语来描述事物，以此来增添自己不同方面的知识及词汇。

②多读。每天可以抽出30分钟的时间读书，要读出声音。读书的声音不一定很大，但是吐字一定要清晰，读音一定要准确，要带有感情色彩去读，以提高自己的辩论口才。

③多写。多写是积累自己词汇量的一个重要途径。当然书写并不一定用笔在纸上写，也可以在QQ空间、微博上进行。可以把你一天做的事情、见到的事物、对某件事情的感触等写出来，每天坚持，不要中断。

④多说。多说不是自己跟自己说，而是要走出家门，跟别人交流。可以跟自己熟悉的人去说，可以在路上跟陌生人聊天。如果有条件的话，还可以去旅游，和不同地方的人去说，以此来增加自己的见识和胆识。

180. 演讲要注重“四个积累”

学而不倦，注重知识积累；
深入生活，注重生活积累；
崇尚真情，注重情感积累；
勤能补拙，注重功夫积累。

[诠释]

①学而不倦，注重知识积累。丰富的知识、睿智的头脑，来源于平时持之以恒的一点一滴的学习和积累。同学们要想提高自己的演讲能力与口才能力，就必须尽可能多读书，读好书。

②深入生活，注重生活积累。生活经验是演讲口才成功之源，精彩的演讲口才源于精彩的生活。因此，同学们要积极参加社会实践，面对生活，感受生活，品尝生活的酸甜苦辣，用眼睛欣赏生活的色彩，用耳朵聆听生活的声音，用心灵感受生活的脉动。

③崇尚真情，注重情感积累。“言为心声”，演讲与口才非常讲究以情感人，没有感情就等于没有生命。从表面上看，演讲口才不过是用嘴巴去叙述，实际上，是演讲人用心、用感情去和听众进行思想交流。没有丰富情感经历的人不可能成为一个真正出色的演讲家，真正感人的演讲不是表演，而是真情流露。

④勤能补拙，注重功夫积累。演讲内容固然重要，演讲技巧也大有讲究。要想自己的口才出众，一定要牢固掌握演讲基本功。演讲口才是一门综合艺术，它的基本功包括许多方面，如字音的准确、吐字的清晰、音调的抑扬、停顿的处理、节奏的和谐、句式的变化、首尾的照应、高潮的把握、表情的配合、眼神的使用、手势的辅助、着装的讲究、站立的姿势等。而扎实的基本功是靠平时一点一滴的学习和积累。练基本功要发扬一不怕辛苦、二不怕劳累、三不怕枯燥的精神，静下心来，下苦功夫，把基本功练好。基本功练扎实了，演讲口才才能达到更高的水平。

181. 朗诵比赛“五字”技巧

新——内容新、形式新、表达新；
感——要感受、要感动、要感染；
动——要动情、要互动、动真情；
美——声音美、形象美、立意美；
力——理解力、鉴赏力、创造力。

[诠释]

①新。一要选稿内容新。选稿很重要，内容一定要新。二要表现形式新。在比赛时可以配以舞蹈、背景灯光画面的变化、道具的运用等新的形式来表现。三是表达要有新鲜感，要有强烈的表达欲望，这样才能抓住听众。

②感。朗诵时，一要感受。体会稿件的内容，感觉“我就在”现场，感同身受。二要感动。看过稿件首先自己要感动，然后通过表达达到让听众感动。三要感染。听众如果被你的朗诵感染，那么你的朗诵就达到了应有的效果。

③动。朗诵时一要动情。要以感情带动声音，以声音传达感情。真动情，动真情，真正走进作品，不要“挤”情“造”性。二要互动。一方面，选手与听众互动。既要眼神互动，眼睛要与听众进行交流，传达思想感情，又要手势互动，在朗诵时正确的手势可以传情达意。另一方面，选手之间互动。如果两人以上朗诵，注意要用眼神、手势等进行互相交流。

④美。朗诵也要有美感，应做到以下三种美：一是声音美，普通话要标准。二是形象美，朗诵者的化妆、服装、发型、气质要与朗诵的稿件吻合，体现出大方、端庄、得体美。三是立意美，立意是一篇作品所确立的文意，它包括全文的思想内容、作者的构思设想和写作意图及动机等。

⑤力。当与竞赛者在以上四种技巧都旗鼓相当的情况下，那么气势将是取胜的法宝。一要有理解力，朗诵稿拿到手以后朗诵者要备稿，达到深刻理解稿件。二要有艺术鉴赏力，亦称审美能力。包括审美感受力、判断力、想象力、创造力等。

182. 提高书法审美能力

欣赏点画的线条美，
观赏结构的造型美，
赞赏章法的布局美，
鉴赏整体的意韵美，
褒赏全幅的风格美。

[诠释]

古人评书法认为：“有功无性，神采不生；有性无功，神采不实。”书法创作同绘画一样追求“形神兼备”。所谓“形”，是指书法的点画、结体、章法等；所谓“神”，是指书法的神采、风格等。因此，同学们在欣赏书法时，也应该把“形神兼备”作为书法艺术美的重要标准。

①点画的线条美。汉字是由点画组成的。点是线的浓缩，线是点的延伸。线条美是书法艺术形式美的表现形态之一。点画的线条美是通过笔墨来表现的，书法家运用提按、顿挫、轻重、粗细、强弱、徐疾等用笔技巧，结合用墨的枯、湿、浓、淡等丰富变化，使点画线条富有力感和情感的美。线条是书法的情感表达的基础之一，其主要表现有二：其一是线条的节奏感。主要是指书法用笔轻重徐疾，抑扬顿挫，就像音乐一样能唤起人们的节奏感，反映书法家心灵的情韵。其二是线条的呼应美。线条呼应是指点与画相互之间的关系，这是使书法线条富有情感的又一重要因素。

②结构的造型美。书法作为线条造型艺术，它的艺术性不仅在于点画的线条美，而且集中表现在字的结构造型上。因为单个的点画线条本就很美，再按照整齐一律、对称均衡、对比和谐、多样统一等形式组合起来，就更加美。简单的点画线在书法家的笔下，真是姿态万千，变化无穷，含有艺术造型的意趣和哲理。

③章法的布局美。一件优秀作品，必然是一个多样统一的整体。构成书法艺术布局的重要因素是章法。如果说字的结体是线条的组织，那么作品的章法则是线条更复杂的组织，组织是否适当，是作品成功与否的关键之一。章法之所以称为“布白”，是因为章法是对空间虚实的艺术处理。也就是有笔墨处重要，无笔墨处也重要。书法章法还讲究承上启下，左顾右盼，参差变化，以及落款合理，钤印得宜，并注意局部美与整体美的和谐统一。

④整体的意韵美。南朝书法家王僧虔说：“书之妙道，神采为上，形质次之，兼之者方可绍于古人。”这里强调以形写神，形神兼备。一般地说，“形”包括点画线条以及由此而产生的书法空间结构；“神”主要指书法的神采意味。书法中神采的获得，一方面依赖于创作技巧的精熟，这是前提和基础；另一方面，只有创作心态恬淡自如，创作中心手双畅，物我两忘，才能写出真情至性，融进自己的知识修养和审美趣味。书法中的意韵是指点画线条及其结构组合中透出的精神、格调、气质、情趣和意味的统称。“神采为上，形质次之”，说明神采高于“形质”，形质是神采赖以存在的前提和基础。因此，书法艺术神采的实质是点画线条及其空间组合的总体和谐。

⑤全幅的风格美。风格一般指艺术家在表现方式和笔调曲折等方面表现出他的人格的一些特点。中国书法艺术，流派繁多，风格迥异：或沉雄豪劲，或清丽和婉，或端庄厚重，或倜傥俊拔，或浑穆苍古，或高逸幽雅……不同的风格给人不同的美感。

183. 学会欣赏中国画

审美感知——感悟艺术作品；
审美理解——思考艺术真谛；
审美创造——创造艺术神韵。

[诠释]

就国画而言，内行人看画一般是看画面的整体气势，用美术术语来说就是先体味其“神韵”，或者“神似”；然后再看它的笔墨趣味，构图、着色、笔力等；最后才看它的造型，即像不像或“形似”。内行人的这种抓“神韵”的欣赏方法当然是抓住了实质，因为“神韵”就是一种高的艺术审美享受，常常是中国画画家们追求的目标。有人提出，艺术的欣赏需要经过审美感知、审美理解和审美创造三个阶段。

①审美感知就是要求我们直观地去感知审美对象，即艺术作品本身，我们可以去感知作品上画的是什么，画得像或是不像，色彩是鲜明的或是灰暗的，线条是流畅的或是笨拙的，表现手法是工笔的或是写意的等，总之要自己平心静气地进行直观的感受。

②在审美感知的基础上进行审美理解。即在直观感受的基础上，进行理解和思考，把握作品的意味、意义和内涵。这种理解包括对作品的艺术形式和艺术技巧的理解，对作品表现的内容和表达的主题的理解，以及对作品的时代背景和时代精神的理解等，这就需要充分调动我们的思维能力。

③通过审美的感知和审美的理解后，在对作品审美的基础上进行再创造，通过自己积累的审美经验、文化知识、生活阅历等进行丰富的联想，再创造出一个新的意象来。这样，你才真正获得了启迪和教育，欣赏绘画才获得了真正的意义。

184. 学会欣赏一首歌

感知——细心聆听，学会感知；
想象——静心感受，学会想象；
评价——用心探究，学会评价。

[诠释]

学习音乐的本质就是提高审美能力。同学们除了学习必要的音乐基础知识，了解音乐表现的手法和技巧，还要参加音乐欣赏活动，培养对音乐的感知能力、想象能力和评价能力，加深对音乐的理解。

①细心聆听，学会感知。音乐，是声音的艺术。它通过旋律、曲式、速度、力度等来表现艺术构思，通过听觉引起人们生理上的刺激和心理上的反应，使大脑和神经系统处于兴奋状态，从而得到美的享受。在音乐欣赏的感知活动中，音响感知是整个音乐欣赏的前提和基础。音乐欣赏中一切感情体验与形象联想都要以音响感知为基础，而细心聆听就是获得音响感知的主要手段。当我们聆听一首乐曲的时候，必定会受到作品中各个音乐要素的影响，产生各种不同情绪的反应。我们对音乐作品的这种情绪的反应，是感性的，它并不需要经过理性的过程。在欣赏过程中，同学们要发挥自己的感知能力，比如发挥自己感受声音的高低、长短、强弱及音色变化的能力，同学们一般都具有这种能力。但是，对音乐的旋律、节奏、调式、速度、力度、和声、织体、曲式的听辨能力，同学们就不一定具备，这就需要在老师的引导下由浅入深、由初级到高级，循序渐进地对音乐进行欣赏、感受，从而使自己对音乐作品有整体性的感知能力。

②静心感受，学会想象。音乐欣赏过程中的想象属于审美想象，在审美活动中，审美主体直接感受对象时，并不以机械消极的感受为满足，而是积极地按照主体的审美理想进行新的结合，从而充实和丰富审美形象。同学们在欣赏过程中，在音乐语言的感召下，在进行情感体验的同时，头脑中会产生许多想象和联想。音乐欣赏是一种审美活动，当我们聆听一首音乐作品时，自己的情绪往往会自觉或不自觉地受音乐的感染，产生各种情感体验。所以，同学们欣赏音乐的过程就是情感体验的过程。

③用心探究，学会评价。培养中小学生的音乐审美评价能力，关键是要使同

学们有能力去评价判断音乐作品的社会价值及艺术价值。而学会这些，就要在掌握有关的音乐知识、技能的基础上，用心探究音乐作品的题材、内容、体裁、风格、情绪、曲式等，深入地认识音乐作品的内容美、形式美、情绪美、表现美，进而提高同学们的音乐鉴赏能力和评价能力。

185. 欣赏音乐作品“五要”

> 要了解作品产生的时代背景，
> 要掌握音乐作品的民族特征，
> 要把握作者创作的独特个性，
> 要理解作品标题的内涵意蕴，
> 要感受音乐语言的表现功能。

[诠释]

欣赏音乐不等于听音乐，听音乐只是为了娱乐，它只停留在音乐欣赏的最初阶段即感官欣赏阶段。欣赏则是从审美的角度去听音乐。从演唱、演奏形式上区分，声乐有独唱、重唱、合唱、对唱、表演唱等，器乐有独奏、重奏、齐奏、合奏等。欣赏音乐作品是领略音乐魅力的一种审美活动。通过这种审美的欣赏活动，同学们不仅可以增长音乐知识，而且能从中得到美的享受。

①了解作品产生的时代背景。一首好的音乐作品，总是在表现作曲家对现实生活的感受。因此，要想深刻地领会作品的思想内容，就必须了解作品的产生背景和时代特征。

②掌握音乐作品的民族特征。一切音乐作品的产生都根植于民族的民间音乐，都有各自的民族特征。因此，只有掌握作品的民族特征，才能对作品有更为准确的理解。

③把握作者创作的独特个性。每个作曲家由于生活的时代、环境不同，因而表现出各种不相同的创作个性，其作品的风格也就不同。所以欣赏音乐作品一定要把握作者的创作个性。

④理解作品标题的内涵意蕴。器乐作品有标题音乐和非标题音乐之分，如欣赏有标题的音乐，就必须准确而深刻地理解标题的内涵。

⑤感受音乐语言的表现功能。乐曲的旋律、节奏、节拍、速度、音区、音色等，都属于音乐语言。同学们要想深刻地理解音乐作品的思想内容和艺术美感，就必须在日常生活中多听音乐知识方面的讲座，以感受音乐的语言，加强音乐的修养。

186. 中国戏曲鉴赏“三性”

综合性——以唱念做打作为戏曲的表演艺术；
虚拟性——以虚拟作为反映生活的基本手法；
程式性——以程式作为反映生活的表现形式。

[诠释]

戏曲是中华文化的瑰宝，它以独特的艺术魅力，为广大人民群众所喜闻乐见。中小学学生学会品味、欣赏戏曲，从中得到美的享受和精神的陶冶，既有益于德育、美育和智力的开发，又有益于身心健康成长。同学们在鉴赏中国戏曲时，要懂得戏曲的综合性、虚拟性和程式性。

①综合性。中国戏曲是一种高度综合的民族艺术。这种综合性不仅表现在它融汇了各个艺术门类（如音乐、美术、戏剧、舞蹈、杂技等）而出以新意，而且还体现在它精湛涵厚的表演艺术上。各种不同的艺术因素与表演艺术紧密结合，通过演员的表演实现戏曲的全部功能。其中，唱、念、做、打在演员身上的有机构成，便是戏曲的综合性的最集中、最突出的体现。唱，指唱腔技法，讲求“字正腔圆”；念，即念白，是朗诵技法，要求严格，所谓“千斤话白四两唱”；做，指做功，是身段和表情技法；打，指表演中的武打动作，是在中国传统武术基础上形成的舞蹈化武术技巧组合。这四种表演技法有时相互衔接，有时相互交叉，构成方式视剧情需要而定，但都统一为综合整体，体现出和谐之美，充满着音乐精神。

②虚拟性。虚拟是戏曲反映生活的基本手法。它是指演员的表演，用一种变形的方式来比拟现实环境或对象，借以表现生活。中国戏曲的虚拟性首先表现为对舞台时间和空间处理的灵活性方面，所谓“三五步行遍天下，六七人百万雄兵”“顷刻间千秋事业，方丈地万里江山”。其次是在具体的舞台气氛调度和演员对某些生活动作的模拟，诸如刮风下雨、船行马步、穿针引线等方面，更集中、

更鲜明地体现出戏曲虚拟性特色。戏曲脸谱也是一种虚拟方式。

③程式性。程式是戏曲反映生活的表现形式。程式直接或间接来源于生活，但它又是按照一定的规范对生活经过提炼、概括、美化而形成的。此中凝聚着古往今来艺术家们的心血，它又成为新一代演员进行艺术再创造的起点，因而戏曲表演艺术才得以代代相传。戏曲表演中的关门、推窗、上马、登舟、上楼等，皆有固定的格式。除了表演程式，戏曲从剧本形式、角色行当、音乐唱腔、化妆服装等各个方面，都有一定的程式。

187. 在校“十拼”

拼学习，犹如千帆竞发，力争上游；
拼纪律，犹如冬去春来，自然遵从；
拼卫生，犹如雨后晴空，一尘不染；
拼意志，犹如寒梅傲雪，毅力坚定；
拼奉献，犹如烛影摇红，照亮他人；
拼团结，犹如鸿雁南飞，众志成城；
拼韧劲，犹如石中小草，百折不挠；
拼斗志，犹如青松挺立，战无不胜；
拼自信，犹如逆水行舟，永不言弃；
拼理想，犹如雄鹰展翅，遨游苍穹。

[诠释]

爱拼才会赢。只有辛勤耕耘，才有丰硕的收成。所以，趁着青春年少的大好时光，同学们要全力拼搏，全力以赴，立足学习，立足发展。

学习就要全力拼搏，表现的是一种良好的精神状态。珍惜时光，把握时机，需要有良好的精神状态。因为良好的精神状态是我们学习的动力，是我们创造佳绩的法宝。一旦学习，就要立即进入状态，开好头，起好步。凡事看一看、等一等，总是慢半拍，老唱“明日歌”，就会坐失良机，影响成绩。

眺望征途漫漫，关山重重，处处是机遇，时时有挑战。在求知的过程中，我们多多少少会遇到一些“拦路虎”。有的人会采取消极悲观的态度，半道打退堂鼓，而有的人则会勇于拼搏，战胜“拦路虎”。最终，那些临阵退缩的人，将会一事无成，且遗憾终生；而那些勇于向上、勇于拼搏的人因此走上了成功之道，获得了成功的喜悦。可见，只有良好的精神状态和实干的行动，才能踏平坎坷成大道，不负时光千般好。

188. 构筑影响自己一生的十项特质

上进——积极向上，不进则退；
诚信——诚则持久，信则永恒；
友善——互相关心，团结友爱；
思考——专心学习，善于思考；
谦虚——谦虚谨慎，戒骄戒躁；
严谨——作风严谨，求真务实；
健康——豁达乐观，身心健康；
理解——用心做人，享受人生；
节俭——艰苦奋斗，勤俭节约；
成熟——思想成熟，追求卓越。

[诠释]

同学们要注重自己的一言一行，构筑影响自己一生的十项特质。

①上进。人生如逆水行舟，不进则退。同学们要积极向上，不断进取。

②诚信。诚则持久，信则永恒。人无信不立，同学们无论做什么事，都要诚实守信。

③友善。“竭诚相助亲密无间，乃友谊之最高境界。”一个集体就像齿轮，每一名成员就是齿轮中的一个齿，只有齿与齿之间互相推动，才能正常顺利运行。因此，人与人之间要互相关心，团结友爱。

④思考。俗话说，吃一堑长一智。同学们要对自己经历的事情给予深度的思考，特别是要善于总结遇到的困难和挫折，那样你会少走弯路。

⑤谦虚。谦虚是做人的基本美德，是一个人的最好名片。“虚心使人进步，骄傲使人落后。”谦虚的人往往会取得更大成功。

⑥严谨。做人要严于律己，做事要谨慎行之。只有养成严谨的学习态度、生活态度，才能认认真真、一丝不苟地做好每一件事，为成功打下基础。

⑦健康。“健康是人生的第一财富。”健康的身体、健康向上的思想会让人的生命处于最佳状态。养成健康的生活习惯会影响人的一生。

⑧理解。“理解绝对是养育一切友情之果的土壤。”真正的理解是很难的，但如果你用心做好每一件事，你拥有了做人的美德，你就会对社会、对他人、对人生有更深刻的理解。

⑨节俭。“天下之事，常成于勤俭而败于奢靡。”“静以修身，俭以养德”，勤俭更是一切美德之源，是积累财富最直接有效的途径之一。勤俭节约，艰苦奋斗，这对每个人的一生意义重大。

⑩成熟。“走向成熟就是独立得更彻底，而又联系得更紧密。”思想的成熟才是真正的成熟。真正成熟的人永远不会满足于现状，他们总是在一次次突破中提升自身的境界。

189. 不断超越自我

当代青少年要不断超越自我，把自己培养成一个有梦想信念的捍卫者，有人生境界的思想者，有自主发展的践行者。

[诠释]

有梦想才能不断超越，有境界才能不断提升，有发展才能不断壮大。

①把自己培养成一个有梦想信念的捍卫者。同学们要成为“燃梦、追梦、圆梦”的人，梦想是用来捍卫的，有梦想的人不乏其数，而能真正坚持下来的则少之又少。所以，同学们要坚守住自己的梦想。

②把自己培养成一个有人生境界的思想者。冯友兰把人生分为四种境界，即自然境界、功利境界、道德境界、天地境界。自然境界出于本能，功利境界源于目的，道德境界情系社会，天地境界心怀苍生。同学们要对生活、对人生、对生命，对自己、对他人、对学习、对成长、对人格要有正确的观念，让自己学有所成、学有所得、学有所进、学有所别。

③把自己培养成一个有自主发展的践行者。教育的宗旨在于培养自主的学习

者。离开了学生的自主学习，所有的教育都是形式；离开了学生的自主学习，所有的教育都是被动的。中小学学生要不断认识自己、坚持自己、修正自己、砥砺自己、超越自己，使自己逐渐找到迷失的自己、坚强的自己、奋发的自己，从而使自己自主发展、自由成长、自强不息。

190. 提高自身道德素质

维系道德良心——培养“四心”；
正位人生价值——乐于奉献；
养成良好习惯——不断实践。

[诠释]

①维系道德良心。良心对一个人的道德素质养成起着非常重要的作用，我们日常生活中常常提到某某人挺有良心的，或者某某人“良心被狗吃了”，就是人的良心。什么是良心呢？良心就是仁爱心、责任心、羞耻心、同情心这“四心”的结晶。要提高自己的道德素质，就要从培养“四心”入手。

②正位人生价值。人生价值包括自我价值和社会价值，自我价值即社会对个人的尊重和满足，社会价值即个人对社会的责任和贡献。同学们既不应否定每个人的自我价值，也不应否定其社会价值。所以，正确的人生价值观就是要把二者结合起来，既善于把自我价值融入社会价值之中，又善于通过社会价值去实现、体现自我价值。

③养成良好习惯。良好的行为习惯是怎样养成的？就是要不断实践。你要做好事就要不断地做，要把认识落实到行为，让行为转化为习惯，使习惯升华为信念。美国的一位心理学家威廉斯曾经说过：“播下一个行为，收获一种习惯；播下一种习惯，收获一种性格；播下一种性格，收获一种人生。”

191. 培养自己的责任感

对自己的责任：热爱生命，维护尊严，修身养心，完善自我；
对他人的责任：平等待人，宽容大度，真情合作，诚实守信；
对家庭的责任：孝敬父母，养老抚幼，承担家务，家庭和睦；
对社会的责任：热爱祖国，遵纪守法，履行职责，奉献社会。

[诠释]

①人生的自我责任是在人的自爱的基础上建立起来的，自爱是指爱惜自己的身体、人格、名誉。同学们应认识到，一个人来到这个世界上，就应该让自己好好地生存下去，并获得发展，这就是对自己负责。当自己遇到困难或挫折的时候，也要不断地激励自己，勇往直前，坚持到底。

②每个人都存在于一张社会关系网中，与他人发生着或近或远的关系。人生在世，不能老想着自己，心中要有他人。不仅要对自己负责，也要对他人负责。做到“我为人人，人人为我”。

③作为家庭的成员，不应单方面要求得到家庭的保护，而必须对家庭负责，对父母负责，使家庭美满幸福。这就要求同学们必须培养对家庭的责任心。

④任何人脱离了社会都不可能生存和发展，更不可能成就任何事业。社会是一个整体，人们在社会生活中都扮演着不同的角色，承担着不同的责任。我对他人负责，他人也对我负责；我对他人负责、对社会负责，说到底也就是对自己负责。因此，同学们应该具有社会责任感。

192. 培养吃苦精神

培养吃苦精神：艰苦奋斗，勤俭节约；
磨炼抗挫能力：百折不挠，战胜自我；
铸造拼搏人生：奋发图强，顽强拼搏。

[诠释]

①培养吃苦精神。当今中小学学生从小备受宠爱，吃不了苦、受不了累，缺

少吃苦精神，像温室里的花朵般娇艳而孱弱。因此，同学们要通过节俭活动、榜样教育、成人仪式、军训、与贫困生“手拉手”等活动，培养自己的吃苦精神和克服困难的信心，懂得做人，懂得人生，懂得苦尽甘来的道理，珍惜生活，珍惜生命，树立正确的苦乐观。

②磨炼抗挫能力。挫折是指人们在某种动机的推动下，所要达到的欲望和目标因受到阻碍和干扰而无法满足或达到时，所产生的紧张状态和消极情感。同学们在日常生活或学习中难免会遇到挫折，关键是要正确对待挫折，提高抗挫折能力。抗挫折能力是一个人避免或减少痛苦、适应人生与社会、获得幸福与成功的基本能力。一个人如果不能承受挫折，则不可能在激烈的竞争中取胜。只有保持乐观向上、豁达开朗的精神风貌，才能经得住困难和挫折的考验，最后渡过难关。

③铸造拼搏人生。人生能有几回搏。只有拼搏，才有进步；只有拼搏，才有精彩人生。不摔跟头，哪能走得稳？不经风雨，怎见彩虹？不遇失败，何来成功？同学们要有不服输、不言败的拼搏精神，这样才能铸造辉煌的人生。

193. 培养健全的人格

决定中小学学生一生的不是学习成绩，而是健全的人格。

[诠释]

中小学学生在校学习，不仅仅是学习科学文化知识，提高学习成绩，更重要的是培养健全的人格。培养健全的人格，要抓住“八大关键”。

第一是树立乐观向上的心态。包括：接受现实；培养乐观的性格，坦然面对生活中的不幸；保持一颗平常心；不要把大量的精力耗费在焦虑上；要有幽默感。

第二是学会感恩，懂得宽容。包括：心胸不要狭窄；拥有爱心；不要恶作剧“惹祸”；消除残忍行为；懂得感恩。

第三是培养直面挫折的勇气。包括：勇于正视失败；培养坚强的意志力；用自信取代自卑。

第四是学会自我保护。包括：学会一些安全常识，冷静应对伤害；培养处世能力；提高“免疫力”，从容面对诱惑。

第五是敢于梦想。包括：敢于梦想；培养兴趣；善于创造。

第六是培养良好的沟通技巧。包括：懂得社交礼仪；善于表达；尊重他人；勇于承认错误；培养合作能力；懂得倾听。

第七是学会合理使用钱财。包括：学会使用零花钱；养成储蓄的习惯；纠正盲目攀比的心理。

第八是正确认识自我。包括：主动与人交往，克服孤僻；学会欣赏别人；每天发现自己一个优点；懂得有“舍”才会有所“得”。

194. 增强身体素质

健康的体魄是学习的本钱。不懂得体育锻炼的人，就等于不会生活；不加强体育锻炼的人，就等于不会学习。

[诠释]

①加强体育锻炼对身体健康非常重要。锻炼能使骨头长得粗壮结实，有利于个子增高；锻炼能增强心脏功能，使心脏收缩有力，促进血液循环；锻炼能增强肺部功能，加快呼吸，使人精神轻松；锻炼能提高运动能力，使人浑身充满活力。同学们积极参加体育锻炼，不仅能增强你的体质，减少疾病对身体的侵害，而且对保持思维敏捷、提高学习效率也有极大的好处。经常参加体育锻炼的人，在智力和反应方面明显高于未参加锻炼或极少参加运动的同龄人。

②体育锻炼要有科学的方法。第一，要持之以恒。锻炼时间长了，才会见效。不要三天打鱼，两天晒网。第二，要循序渐进。锻炼从小运动量开始，逐渐加大运动量。运动量过大，反而有损身体健康。第三，要全面锻炼。即锻炼兴趣要广泛，锻炼项目要全面，不能单一，如跑步、打球、爬山、游泳、体操等，使身体各部位都能得到锻炼。

195. 提高心理素质

增强自我意识，正确看待现实，
人际关系和谐，自觉调节情绪，
保持乐观心态，积极努力进取。

[诠释]

所谓心理素质，就是人在感知、思维、想象、观念、情感、意志、兴趣等各种心理品质上的修养和能力。心理素质对人的成功非常重要。美国斯坦福大学教授卡门经过追踪研究得出的结论是，早年的智力测验并不能正确预测晚年工作的成绩，一个人的成就同智商的高低并无明显的关系。有成就的人是有恒心、自信、好胜的人，即有良好的心理素质的人。

一个人要想成才，就必须具备健康的心理和良好的心理素质。对于广大中小学学生来说，拥有健康的心理和良好的心理素质，应该具备以下五个特征：一是有良好的自我意识。对自己的长处和优点感到欣慰，并能最大限度地发挥其作用；对自己的弱点和不足不避讳，不怨天尤人，不自寻烦恼，始终能客观地、积极地看待自己。二是能正确地看待现实。既有高于现实的理想，又不过多地沉湎于幻想。对生活中的矛盾不是回避，而是积极对待，妥善处理。三是有和谐的人际关系。乐于与人交往。在与人交往中，其尊敬、信任、喜悦等积极态度多于嫉妒、怀疑、憎恶等消极态度，能与同学、老师、友伴建立良好的关系。四是有较强的情绪控制力。对于突发事件能尽力保持一种平静的头脑和控制行为的自觉性，始终让良好的情绪支配自己。五是有强烈的进取心。乐于学习，热爱生活，努力发展自己。对于自己所做的任何事情，都能努力克服一切困难和阻力，去争取成功。

196. 人品，是一个人的最好底牌

人品，是最高的学历；
人品，是最硬的实力；
人品，是最贵的财富。

[诠释]

一个人真正的资本，不是成绩，也不是金钱，而是人品。好人品是一个人最宝贵的财富，是一个人真正的最高学历，也是一个人的黄金招牌。因此，同学们培养自己的人品，比什么都重要。

人品，是最高的学历。古人云：“德者才之王，才者德之奴。”罗斯福说过：

“有学问而无品德，如一恶汉；有道德而无学问，如一鄙夫。”可见，人品何等重要。人可以没有学位，但不可以没有学问，更不可以没有人品。人品是最高的学历，德与才的统一才是真正的智慧。

人品，是最硬的实力。“世间技巧无穷，唯有德者可以其力；世间变幻莫测，唯有人品可立一生。”当人品和学识相辅相成时，人才会走得更高更远。

人品，是最宝贵的财富。好人品是人生的桂冠和荣耀，它是一个人最宝贵的财富，它是一个人信誉方面的全部财产。做事先做人，这是自古不变的道理。如何做人，不仅体现了一个人的智慧，也体现了一个人的修养。一个人不管多聪明，学习成绩有多好，如果不懂得做人，人品很差，那么他的事业及其人际关系将会大受影响。

197. 增强个人修养“八要”

要厚道——厚德是福；
要善良——多存善心；
要宽容——有容乃大；
要守信——信用是金；
要谦虚——低调谦让；
要诚实——笃实为本；
要坚持——人贵有恒；
要正直——正直做人。

[诠释]

①要厚道。做人，要乐于吃亏，多为别人着想，才能成就事业。厚德是福，做人厚道，方能得到别人的尊重。

②要善良。人要多存善心，多做善举。只有这样，才能坦坦荡荡做人。

③要宽容。凡事争则两败，让则两利。宽容别人实际上是给自己的心灵松绑，要多看别人的优点和长处。

④要守信。言必行，信必果。人与人之间的交往，关键是要讲信用。

⑤要谦虚。虚心使人进步，骄傲使人落后。谦恭之人，人皆爱之。

⑥要诚实。人之无诚，不可为交。“欲当大任，须是笃实。”诚实是立身之本。做人，只有老老实实，实实在在，才能赢得别人的尊重，才能在社会上站稳脚跟。

⑦要坚持。人贵有恒，干任何事情都要有决心、恒心和耐心，要有执着追求的精神。

⑧要正直。做人，要凭良心办事，要有正确的是非观念。

198. 培养核心素养“三有三要”

有人文底蕴，有责任担当，有科学精神；
要学会学习，要健康生活，要实践创新。

[诠释]

中小学学生的核心素养，是指同学们应具备的能够适应终身发展和社会发展需要的必备品格和关键能力。同学们要培养核心素养，就要做到：

①有人文底蕴。主要是同学们在学习、理解、运用人文领域知识和技能等方面所形成的基本能力、情感态度和价值取向。主要包括人文积淀、人文情怀和审美情趣三个基本要点。

②有责任担当。主要是同学们在处理与社会、国家、国际等关系方面所形成的情感态度、价值取向和行为方式。主要包括社会责任、国家认同和国际理解三个基本要点。

③有科学精神。主要是同学们在学习、理解、运用科学知识和技能等方面所形成的价值标准、思维方式和行为表现。主要包括理性思维、批判质疑和勇于探究三个基本要点。

④要学会学习。主要是同学们在学习意识形成、学习方式方法选择、学习进程评估调控等方面的综合表现。主要包括乐学善学、勤于反思和信息意识三个基本要点。

⑤要健康生活。主要是同学们在认识自我、发展身心、规划人生等方面的综合表现。主要包括珍爱生命、健全人格和自我管理三个基本要点。

⑥要实践创新。主要是同学们在日常活动、问题解决、适应挑战等方面所形成的实践能力、创新意识和行为表现。主要包括劳动意识、问题解决和技术应用

三个基本要点。

199. 中学生的美

仪表美——整洁的仪容；
行为美——文明的举止；
内在美——高尚的人格。

[诠释]

“爱美之心，人皆有之。”中学生正值豆蔻年华，有谁不爱美呢？但因为中学生思想还不够成熟，对事物看法不够完整，因而对“美”的理解存在偏差。

作为学生，要注重仪表美。我们知道，周恩来一生风度仪表堪为楷模，为中外世人所敬仰。他在上学期间，就曾在穿衣镜上方挂着一幅写着“容止格言”的横匾：“面必净，发必理，衣必整，钮必结；头容正，肩容平，胸容宽，背容直；气象：勿傲，勿暴，勿怠；颜色：宜和，宜静，宜庄。”周总理对自己仪容仪表的要求，值得我们学习。而我们有的同学平时上课趴在桌上，走路晃悠，对人粗鲁，实在有悖于美。

仪表美固然重要，但内在美才是最重要的。德国作家歌德曾说过：“外在美只能取悦一时，内在美方能经久不衰。”当你看见一位装扮靓丽、满口脏话的同学时，你会觉得他美吗？对班集体毫不关心，对同学冷漠，对学习缺乏信心，对父母缺少爱的回报，这样的人即使长得再漂亮，穿着再时髦，也无法算是真正的美。

那么，对于一名中学生来说，怎样的美才是真正的美呢？《中学生日常行为规范》(2017年版)中明确规定：穿戴整洁、朴素大方，不烫发，不染发，不化妆，不佩戴首饰，男生不留长发，女生不穿高跟鞋。作为一名中学生，拥有整洁的仪表、文明的举止、纯洁的心灵、高尚的人格，充满朝气，充满自信，充满爱心，正确面对机遇，迎接挑战，这才是真正的美。

200. 做有智慧的中学生

宽容大度，体谅别人；
心怀善良，善待他人；
换位思考，以人为镜；
学会合作，追求双赢。

[诠释]

在一般人的印象里，智慧和聪明是同义词。其实，这是一个误解，智慧和聪明是两个截然不同的概念。在这个世界上，聪明的人太多太多，而拥有智慧的人却是太少太少。也有人常常把有知识当成是有智慧，其实，智慧和知识也没有必然的联系。一个人，通过不断地学习，可能会获得大量的知识，但是他未必就能获得智慧。那么到底什么是智慧呢?

一是能宽容大度，体谅别人。宽容，即宽大有气魄，不计较和不追究，体谅别人的困难和要求，不因为他们的错误而责怪和憎恨他们。古语云：宰相肚里能撑船，说的就是这个道理。

二是能心怀善良，善待他人。孔子曰："己所不欲，勿施于人。"善良就是用自己希望别人对待自己的方式去对待别人。

三是能换位思考，以人为镜。也就是要能够多角度、多方位地观察社会，这样便可摆脱不应有的烦恼，使自己的生活更加愉快，同时也把快乐传递给周围的人。

四是能学会合作，追求双赢。一个人的才能和力量总是有限的，唯有合作，才能省时省力，最有效地完成一项复杂的工作。我们生存在一个充满竞争的时代，合作与团队精神变得尤为重要，只有承认个人智慧的局限性，懂得自我封闭的危害性，明确合作精神的重要性，才能有效地通过合作来弥补自身的不足，以达到单凭个人力量达不到的目的。

参考文献

[1] 王龙君．改变命运的学习方法[M]．长春：吉林大学出版社，2014.
[2] 燕燕．成绩提高的黄金法则[M]．长春：吉林大学出版社，2014.
[3] 王龙君．高考状元的高效学习方法[M]．长春：吉林大学出版社，2014.
[4] 王凡．提高记忆力的绝招[M]．长春：吉林大学出版社，2014.
[5] 汤勇．小学生要注意的50个学习细节[M]．北京：蓝天出版社，2010.
[6] 刘畅．中学生要注意的49个学习细节[M]．北京：海潮出版社，2006.

后 记

《学习智慧 200 则》很高兴与广大读者见面了。在四十多年的教书生涯中，笔者看到自己所教的中小学学生学习那么艰辛，考学那么艰难，心中多次萌发为他们做点什么的想法。本书的出版，终于实现了笔者的夙愿，它或多或少能为广大青少年的学习提供一些帮助，这也是自己一生中所做的最值得骄傲和自豪的一件事。

本书在撰写过程中，援引了王龙君、燕燕、王凡、汤勇、刘畅等学者撰写的有关学习方法、学习法则和学习细节的理论专著，收录了各地一线教师在他们的博客上发表的有关学习智慧的真知灼见，查阅了一些网站上的相关文献资料，在付梓之际，对上述资源的提供者和有关作者表示衷心的感谢！同时，向为本书成书提供支持和帮助的三门峡市第一高级中学的雷建卢、张重相、赵国政、余署敏、李廷好、王海峰等学校领导及赵洪泽、高万章、张志旭、陈志景、刘建设、张红艳、杨素娟、赵艳朋、聂军红、靳淑华、乔彦锋、庞晓梅等同人致以由衷的谢意！

哲学博士、北京师范大学哲学学院副教授、北京师范大学未来教育高精尖创新中心项目首席专家、中国教育学会中小学德育研究分会常务理事、全国思想政治课教学学术委员会常务副主任兼秘书长李晓东为本书作序；全国资深教学研究专家、河南省优秀教育教学专家、河南省基础教育教学研究室特级教师王向阳和河南省基础教育教学研究室课题办主任、河南省学术技术带头人杨伟东为本书的撰写提出了非常有价值的建议；全国名校长、三门峡中专校长彭幸国为本书修改把关；河南省特级教师、中原名师程黎和全国思想政治优质课大赛特等奖获得者张文娟为本书通稿；大象出版社孟建华、戴慧为本书的出版做了大量的工作。在此谨奉真挚的谢忱！

《学习智慧200则》中偶有前后重复的内容，这是为了更好地阐述相关“智慧”的需要。一方面，由于书中的每则“智慧”都是独立成篇的，为了尽可能保持每则“智慧”的完整性，所述内容难免有交叉之处；另一方面，由于书中的不少“智慧”是从不同角度阐释同一个问题，为了尽可能把每个问题分析透彻，所述文字难免有重复之处，敬请各位读者谅解。

学习智慧是一个综合性强、涉及面广、实践要求高的话题。由于笔者理论水平有限，探究问题肤浅，书中难免存在这样或那样的不足和缺憾，恳请广大读者批评指正。

高宏群
2018 年 4 月 6 日